Erfolgsformel Psychoakustik

Pat Leonhard

Erfolgsformel Psychoakustik

Die neueste Technik
zur Krisenbewältigung

Orac WIEN • MÜNCHEN • ZÜRICH

ISBN 3-7015-0344-3

Gestaltung des Schutzumschlags: Katharina Uschan
Lektorat: Elisabeth Tschachler-Roth
Satz und Film: Zehetner GesmbH, A-2105 Oberrohrbach
Druck und Bindung: Tlaciarne, Slowakei

Inhalt

Für Dorothea

Vorwort

Was ist Psychoakustik?

Die europäische Schule der kybernetischen Psychoakustik basiert auf der Übersetzung menschlicher Körperfunktionen, neurophysiologischer Abläufe sowie psychischer Zustände in den hörbaren – akustischen – Bereich. Dies geschieht unter Zuhilfenahme von Biofeedback-Meßgeräten und Computern. Keine Angst: Das klingt alles komplizierter, als es ist. Vereinfacht ausgedrückt könnte man sagen, daß Körper, Geist und Psyche des Menschen durch die Psychoakustik hörbar werden. Deshalb können sie auch wie Klang behandelt werden und unterliegen akustischen Gesetzmäßigkeiten.
Das Klangspektrum – also die Gesamtheit der Töne, Klangfarben und Lautstärken – stellt für den Menschen den vielfältigsten, komplexesten und umfangreichsten Wahrnehmungsbereich dar – das Ohr ist unser bestentwickeltes Sinnesorgan. Die Methoden der Psychoakustik helfen uns, diese sensible Form der Wahrnehmung auf unser Denken und Fühlen zu übertragen und daraus völlig neue Möglichkeiten der Krisenbewältigung zu gewinnen.
Die in diesem Buch erstmals präsentierte Erfolgsformel Psychoakustik, die Ihnen dazu verhilft, die Kontrolle über Ihr Denken, Fühlen und Wollen selbst zu übernehmen, habe ich während der letzten Jahre Tausenden Menschen durch Seminare, Vorträge und Einzeltrainings zugänglich gemacht. Die durchwegs positiven und auch meßbaren Resultate wurden in so unterschiedlichen Bereichen wie Wohlbefinden und Gesundheit, Ausschöpfung des Energiepotentials oder allgemeinen Managementaufgaben erzielt.
Zur Verwirklichung Ihrer ganz persönlichen Ziele und Wünsche stellt Ihnen dieses Buch ein ganzes Set von Psychoakustik-Instrumenten zur Verfügung. Wie hilfreich sie sind, erkennen Sie, sobald Sie anfangen, auf ihnen zu spielen. Hier und jetzt.

1. Der entscheidende Schritt

„Wer sind Sie?“ wiederholte Nick Dolphin seine Frage.
„Nenne mich einfach Mademoiselle Pitou“, antwortete die zarte Stimme geduldig.
Das muß es also sein, so fühlt man sich nur, wenn es aus ist.
„Wo bin ich hier?“ Nick verlor langsam die Nerven.
„Bei mir, das siehst du doch.“
„Und wer sind Sie?“ Er hämmerte neuerlich mit seinen Fäusten gegen die Glaswand. Die Personen dahinter reagierten überhaupt nicht. Im Gegenteil, sie schienen ihn überhaupt nicht zu bemerken.
„Ich bin du selbst“, vernahm er die Stimme.
Das war zuviel! Nicht genug, daß er sich in diesem blödsinnigen Glasgefängnis verlaufen hatte. Nicht genug, daß außerhalb immer Personen herumstanden, die alle ihm selbst so verblüffend ähnlich sahen. Nein, all das war einfach unmöglich!
Dabei hatte es so normal begonnen. Er war pünktlich von der Arbeit nach Hause gekommen. Daran konnte es nicht liegen, er kam seit Jahren immer pünktlich nach Hause – zumindest meistens.
Sein Job verlief seit Jahren immer gleich, und die Illusion, im Lotto zu gewinnen, hatte er längst aufgegeben. Natürlich, manchmal träumte er davon, alles zu verändern, nochmals ganz von vorne zu beginnen, aber was soll's? So schlecht ging es ihm ja gar nicht. Die Kinder waren schon fast aus dem Haus. Schon möglich, daß er sich mehr mit ihnen befassen hätte sollen, aber die Umstände haben es eben nicht erlaubt. Jeder Mensch ist nach acht Stunden Büro einfach müde und hat ein Recht darauf, auszuspannen.
Wenigstens stritt er mit seiner Frau fast nicht mehr. Wie sollte er auch, wenn sie vor dem Fernsehschirm immer einschlief.
„Du bist doch nur ein Clown, der sich selbst zum Narren hält!“ Da war schon wieder diese schrecklich freundliche Stimme.
„Wer sind Sie?“
„Nenne mich einfach Mademoiselle Pitou.“
„Also gut, wenn Sie ich sind und wir bei Ihnen, wer sind dann die vielen Leute da draußen?“
„Auch das bist du.“
„Das ist ja lächerlich!“
„Gut möglich.“
„Schön, sagen Sie mir da draußen, ich soll mich da rausholen, und wir beenden den Spuk!“

„Das wird nicht helfen, du hast dir noch nie selbst zugehört."
Leider hatte die Stimme in diesem Punkt recht.
„Bin ich jetzt tot?" fragte Nick.
„Nicht mehr als vorher; oder würdest du die letzte Zeit als ein Leben nach deinen Träumen bezeichnen?"
„Und was ist dann das alles hier?"
„Vielleicht würden es manche einen Traum nennen, aber eigentlich bist du bei mir."
„Und wie, bitte, komme ich hier wieder heraus?"
„Du mußt dir den Weg bereiten – deinen eigenen Weg. Wenn du keine Möglichkeiten mehr **siehst,** lerne zu **hören.** Dann liegt es an dir, dem Klang zu folgen. Werde zu deinem eigenen Wegbereiter. Laß dich vom Klang der Welt leiten. Dieses Labyrinth gibt es nur in deinem Kopf! Bereite den Weg zu dir da draußen, und du wirst dich selbst als Ganzes erkennen. Nütze dazu alle Möglichkeiten."
„Aber, sagen Sie mir, **wie** ich das tun soll."
„Ich kann dir nicht sagen, **wie**. Du kannst mir ja auch nicht sagen, **wie** du hörst, oder? Du kannst hören, das muß genügen."
Nick Dolphin war verzweifelt. „Das ist ja verrückt, was Sie da mit mir machen!"
„Gehe doch nicht immer davon aus, daß du alles weißt. Du weißt ja gar nichts! Wenn du zuhören würdest, könntest du erkennen, daß alles neu wird. Nichts war schon einmal da. Als Wegbereiter mußt du dich daran gewöhnen, bewußter zu leben. Du mußt deine Möglichkeiten sorgfältiger ausnützen."
„Sagen Sie mir bitte, wer Sie sind."
„Nenne mich einfach Mademoiselle Pitou."
„Werden Sie mir helfen?"
„Das ist meine Aufgabe, deshalb bin ich hier."

Wissen Sie, was Sie wollen?

Haben Sie je darüber nachgedacht, warum Sie in einem Restaurant ohne Bestellung kein Essen bekommen? Zugegeben, diese Frage wird Ihnen etwas geistlos vorkommen, aber denken Sie bitte trotzdem einmal darüber nach: Warum serviert Ihnen der Kellner eine gewünschte Speise erst, nachdem Sie ihm verraten haben, was Sie wollen?
Der Grund liegt auf der Hand: Vorher kennt er Ihre Wünsche noch nicht.
Aber geben wir uns nicht mit einer Teilantwort zufrieden. Hier gibt es noch andere Aspekte:
Der Grund Ihres Restaurantbesuches ist möglicherweise Hunger. Sie müssen sich also entscheiden, was Sie gegen diesen Hunger zu tun gedenken. Daher wählen Sie ein Restaurant aus und werden aktiv, indem Sie einen Orts-

wechsel vornehmen. Bevor Sie, im Lokal angelangt, die Bestellung aufgeben, müssen Sie sich erst entscheiden, was Sie überhaupt wollen. Und so weiter und so fort.

Worauf ich hinaus möchte, ist die Tatsache, daß Sie, um Ihr Wohlbefinden zu verbessern, eine Reihe zusammenhängender Entscheidungen treffen müssen. Sie müssen diese Entscheidungen treffen und bereit sein, die daraus resultierenden Konsequenzen zu tragen.

Was bei diesem einfachen Beispiel klar und logisch erscheint, bereitet plötzlich Schwierigkeiten, sobald es um die Verbesserung unserer Lebenssituation geht. Wie viele Menschen wissen zwar genau, was sie sich für ihr Leben bestellen wollen, tun es aber nicht und klagen über Ungerechtigkeiten, weil die Kellner nichts servieren? Wie viele wissen, was sie wollen, und bestellen es an der falschen Stelle? Wie viele beschweren sich da über das viele Pech und warten, daß sich das Schicksal plötzlich wendet?

Schluß damit! Dieses Buch ist für all jene geschrieben, die das Glück zum Lachen bringen wollen. Es ist, wenn Sie so wollen, eine Gebrauchsanweisung für Ihren persönlichen Erfolg.

Definieren Sie, was Sie unter Erfolg verstehen, und ich zeige Ihnen, wie Sie erfolgreich werden. Wir haben für diesen Zweck wirklich funktionstüchtige Instrumente zur Verfügung, die aus der Werkstatt der Psychoakustik stammen. Psychoakustik beschreibt, vielleicht zum erstenmal, die Gesetzmäßigkeiten persönlicher Kraft. Diese persönliche Kraft ist es auch, die wie ein unermüdlicher Motor Ihr Leben in jede gewünschte Richtung zieht. Sie müssen sie nur nützen!

Wie? **Indem Sie sich *jetzt* dafür entscheiden.** Nur von Ihrer Entscheidung hängt es ab, ob Sie jetzt weiterlesen, ob Sie das Gelesene in die Tat umsetzen, ob Sie Ihre Lebensqualität verbessern, ob Sie die notwendigen Schritte unternehmen, um privat, beruflich, persönlich, in der Beziehung, finanziell Ihre Träume zu realisieren! Wie viele ausgezeichnete Bücher landen ungelesen in den Bücherschränken? Wußten Sie zum Beispiel, daß, einer amerikanischen Statistik zufolge, 95 Prozent der Bücher nicht über das erste Kapitel hinaus gelesen werden? Warum? Weil sich Menschen dazu entscheiden, nicht weiterzulesen.

Alles hängt also von Ihrer Entscheidung ab. **Sie** müssen sich entscheiden, Ihr Leben kontinuierlich zu verbessern. Wenn Sie sich dazu entschließen, irgendeinen Bereich Ihres Lebens täglich nur um ein Prozent zu verbessern, sind Sie schon nach wenigen Wochen Meister darin!

Für alles findet sich ein Weg – sofern man sich entscheidet, einen zu suchen.

Sie müssen die Gewißheit erlangen, daß Träume Wirklichkeit werden können, sobald Sie sich für Ihre Träume entscheiden. Das ist vielleicht der schwierigste, aber sicher der im wahrsten Sinn des Wortes entscheidende Teil der ganzen Geschichte.
Ohne die Fähigkeit, wirkliche Entscheidungen zu fällen, werden Sie zwar in der Masse mitschwimmen, aber möglicherweise nicht dorthin gelangen, wo Sie eigentlich hinwollen. Sich zu entscheiden bedeutet nämlich, sich hundertprozentig einem Weg zu verschreiben. Wenn Sie sich also für eine Veränderung entschieden haben, müssen Sie sich geistig vollkommen von der Möglichkeit verabschieden, diese Veränderung nicht durchzuführen. Der alte Zustand muß in Ihren Gedanken ausgelöscht sein, dann werden Sie die nötige persönliche Kraft produzieren, um die Veränderung in gewünschter Weise zu realisieren.

Jeder Gedanke ist, nach dem Gesetz der Psychoakustik, eine Ursache in Bewegung. Jede Bewegung hat eine Richtung und ein Ziel. Wenn Sie aber dieses Ziel nicht vor Augen haben, werden Sie auch keine Kontrolle darüber ausüben können. Vielleicht sagen Sie jetzt: „Wozu brauch' ich Kontrolle über meine Gedanken? Nur meine Taten zählen!" Schon möglich. Aber Ihre Taten können nie gescheiter sein als Ihre Gedanken.

Unsere Vereinbarung schaut also folgendermaßen aus:
Sie entscheiden sich, die Ziele Ihres Lebens kontinuierlich höher zu stecken und zu den notwendigen persönlichen Veränderungen bereit zu sein. Sie entscheiden sich dazu, Ihre Lebensumstände zu kontrollieren und genau so zu leben, wie Sie es sich immer gewünscht haben. Dafür zeige **ich** Ihnen, wie Sie rasch und sicher Ihre immer weiter gesteckten Ziele erreichen. Ich werde Ihnen zeigen, wie Sie Ihre Emotionen meistern, wie Sie Ihren Körper zu Ihrem Verbündeten machen und wie Sie persönliche Errungenschaften mit anderen teilen können. Sie werden lernen, wie Sie mit Rückschlägen umgehen und was zu tun ist, wenn scheinbar „nichts mehr läuft".
Da jeder Mensch von Zeit zu Zeit Murks baut, hängt es nämlich schon wieder nur von der persönlichen Entscheidung ab, ob man daran zerbricht oder ob man daraus lernt und profitiert.

Dieses Buch kann zu einem verläßlichen Ratgeber für Sie werden, zu dem Sie immer wieder zurückkommen, um aufzutanken. Und damit bin ich bei einem wichtigen Detail:
Wenn Sie sich dazu entschließen, Ihre Träume in die Tat umzusetzen, empfehle ich Ihnen, ein Erfolgstagebuch zu führen. Darunter verstehe ich ein

Tagebuch, das quasi zu einer Reportage Ihrer persönlichen Verwandlung wird. Wenn Sie Ihre Wünsche, Zweifel, Träume, Strategien, Ideen, Resultate, Veränderungen ... niederschreiben, haben Sie nach kurzer Zeit ein Drehbuch Ihres Lebens, in dem eindeutig festgehalten ist, welche Gedanken, Strategien oder Aktionen die gewünschten Resultate gebracht haben und welche nicht. Zudem wird es immer eine schöne Erinnerung sein, wenn Sie nach Jahren Ihre früheren Pläne lesen. Sie können dann Ihre Wünsche mit dem Erreichten vergleichen und eventuell Kurskorrekturen anbringen. Ein Erfolgstagebuch ist ein persönliches Lebensprotokoll, das vielleicht einmal Ihren Kindern dokumentiert, wie Sie zu dem wurden, was Sie dann sind.

So, aber jetzt los! Die nächsten beiden Kapitel mögen Ihnen etwas kompliziert erscheinen, aber sie bilden den Hintergrund Ihrer Erfolgsformel. Auch wenn sie ein wenig theoretisch aussehen, sind sie für das Verständnis der „magischen Kräfte", die Sie im Laufe dieses Buches kennenlernen werden, notwendig, und wer sich nur ein wenig an den Musik- und Physikunterricht in der Schule erinnert, wird keine Verständnisschwierigkeiten haben. Gleich anschließend befinden Sie sich auf einem Weg, der Spitzensportlern zu Siegen verhalf, der Künstler, Manager oder Politiker Extrembelastungen meistern ließ, und der Teilnehmer meiner Seminare dazu brachte, Träume zu realisieren, finanziellen Zusammenbruch in Wohlstand zu kehren, Körpergewicht zu verlieren oder über glühende Kohlen zu gehen.
Der Weg zu Ihrem persönlichen Glück beginnt mit dem Verständnis um das ...

2. Leben im Psychoakustik-Netz

„Mademoiselle Pitou, was ist ein Wegbereiter?“ – „Jeder kann ein Wegbereiter sein, der bereit ist, auf die Gesetze der Welt zu hören.“

Nick Dolphin wurde unsicher. „Gesetze kann man hören?“ – „Schau Nick, Zusammenhänge offenbaren sich dir nicht immer dort, wo du sie erwartest. Die Welt klingt, das steht fest. Sie klingt in allen ihren Bestandteilen. Auch in dir.“

„Was soll das heißen? Die Welt klingt in mir . . .?“ – „Menschen glauben, wenn überhaupt, daß sie – jeder für sich – in dieser Welt leben. Das ist aber nicht richtig. Da alles aus dem gleichen Klang aufgebaut ist, kannst du bestimmen, wo du hinhören möchtest. Trotzdem, wohin du auch hörst, du wirst immer diese Welt hören. Verstehst du mich? Die Welt ist in dir, nicht umgekehrt.“

Nick Dolphin verstand nicht. Die Welt sollte auf einmal in ihm sein, und man kann sie hören? Das war doch mehr als sonderbar. Mademoiselle Pitou erkannte seine Schwierigkeiten:

„Vielleicht ist es so verständlicher: Nur weil du die Luft zwischen dir und anderen Menschen nicht sehen kannst, heißt das nicht, daß es sie nicht gibt. Luft besteht auch aus kleinen, schwingenden Teilchen, die du vielleicht Atome nennen würdest. Damit seid Ihr Menschen alle miteinander verbunden. Denn Luft ist Energie, Körper ist Energie – und Energie klingt. Das gesamte Universum klingt in deinem Körper! Wenn du lernst, darauf zu hören . . .“

„Moment! Heißt das, daß kein Unterschied zwischen mir und anderen Dingen besteht?“

„Das hängt ganz von dir ab. Da du mit allem in Verbindung stehst, entscheidest nur du selbst, welchen Teil der Welt du mit deinem Leben zum Klingen bringst. Wenn du möchtest, bist du die Sonne, ein Vogel, eine Blume, ein Bettler oder ein König. Ja du kannst sogar die Stille des Universums sein. Versuche es so zu sehen: Musik kann nur dort klingen, wo Stille ist. Mehr noch als Klang ist Musik die Stille um die Noten. Denn Musik entsteht aus der unendlichen Stille, so wie die Welt aus dem Unfaßbaren entsteht. Alles kommt aus dem Nichts und mündet im Nichts. Du bist also ein Kapitel aus dem Buch der Unendlichkeit. Wer auf diese Unendlichkeit vertraut, kann einen Blick auf die Maschinerie des Universums werfen . . .“

Akustische Reize und Gesetze

In unserer Zivilisation sind wir gewohnt, die Welt vor allem mit unseren Augen wahrzunehmen. Nur wenige Menschen sind sich dessen bewußt, daß es auch eine ganze Menge zu hören gibt!
Da kann man laute Geräusche hören.
Da kann man lustige Dinge hören.
Da kann man spannende Sachen hören ...
Werden Sie sich bewußt, daß Sie gerade **jetzt** hören. Während Sie diese Zeilen lesen, dringt vielleicht Straßenlärm an Ihr Ohr. Vielleicht können Sie Stimmen, Musik, Radio oder TV, Wind, Regen, Maschinensummen oder Hundegebell hören ...

Wir alle sind ständig von akustischen Reizen umgeben.

Jeder Klang, den wir wahrnehmen können, ist für uns (bewußt oder unbewußt) mit einem eindeutigen Gefühl verknüpft. Sicherlich kennen Sie diese Situation: Sie gehen spazieren, und plötzlich steigt Ihnen ein Geruch in die Nase, der Sie augenblicklich in eine längst vergangene Begebenheit (zum Beispiel Spielen am Dachboden der Großmama) zurückversetzt.
Was Gerüche zustande bringen können, gelingt Klängen erst recht. **Ein Klang löst immer ein ganz bestimmtes Gefühl, also eine eindeutige emotionelle Vorstellung aus.**

Wir hören, und wir fühlen dabei.
Wir fühlen, was wir hören.
Wenn wir fühlen, reagiert unser Körper.

Gefühle bestimmen die Welt, in der wir leben, der Geist erfaßt sie, und unser Körper reagiert darauf.
Wenn wir uns ängstlich fühlen, ist unser Körper ängstlich.
Wenn wir uns fröhlich fühlen, ist unser Körper fröhlich.
Wenn wir uns traurig fühlen, ist unser Körper traurig.
Wenn wir uns begeistert fühlen, ist unser Körper begeistert.
Das heißt: **Jede intensive Vorstellung hat das Bestreben, sich im Körper zu verwirklichen!**
Geräusche, Klänge, Lärm oder Musik haben also Einfluß auf unsere Gefühle – Gefühle haben Einfluß auf unsere Vorstellung – Vorstellungen beeinflussen unseren Körper (siehe Abbildung 1) – **also beeinflussen akustische Reize direkt und indirekt unseren Körper.**

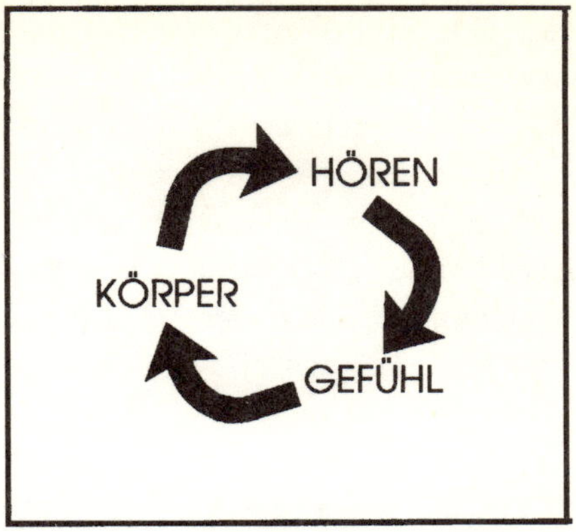

Abb. 1: Ein Klang löst ein Gefühl aus, der Körper reagiert darauf

Versuchen Sie zum Beispiel **jetzt**, sich das **Lachen** eines Kindes vorzustellen. Achten Sie dabei auf Ihren Körper, der sofort, ohne jede Verzögerung, auf diese Vorstellung reagieren wird.
Achten Sie auf Ihren Atem . . . atmen Sie schneller oder langsamer? Ist Ihr Gesichtsausdruck fröhlich, angespannt oder traurig? Ist Ihre Körperhaltung offen oder verschlossen? Ihr Körper wird – über das Gefühl – in einen spezifischen Zustand übergehen.
Sollten Sie mit der Vorstellung des Geräusches zunächst Probleme haben, helfen Sie sich damit, daß Sie das Kinderlachen imitieren. Ja, ahmen Sie mit Ihrer eigenen Stimme laut dieses Lachen nach. Vielleicht erzielen Sie damit ein lustiges Resultat – aber auf jeden Fall ein **Resultat.**
Waren Sie damit erfolgreich, probieren Sie doch auch, sich etwas anderes vorzustellen, zum Beispiel:
weinende Nonnen,
eine Explosion,
einen übergewichtigen Opernsänger.

Wir hören – wir stellen uns vor – wir fühlen. Wir fühlen, was wir hören, und **wenn wir hören, reagiert unser Körper**. Das gilt sogar, wenn wir uns Stille vorstellen.
Die tiefere Bedeutung dieser Übung ist einleuchtend:
Wenn das Imitieren, ja wenn sogar nur die Vorstellung eines Geräusches unseren Körper mit der emotionellen Energie dieses Klanges in Kontakt bringt – dann haben wir vielleicht mit der Lärmbelästigung des täglichen

Lebens einen Übeltäter entlarvt, der im wahrsten Sinne des Wortes für jede Menge Unruhe in unserem Leben sorgt.
Dieses Buch will jedoch sicher nicht ein zukünftiges oder gar schon gegenwärtiges Schreckensszenario aufzeigen, in dem wir alle als Opfer des alltäglichen Lärms mit diversen Schäden dahinsiechen. Vielmehr wollen wir uns einerseits der Möglichkeiten bewußt werden, wie wir uns vor all den Unannehmlichkeiten schützen können, und andererseits den Zusammenhang Akustik – Vorstellung – Körper – Leben zu unser aller Vorteil nützen.

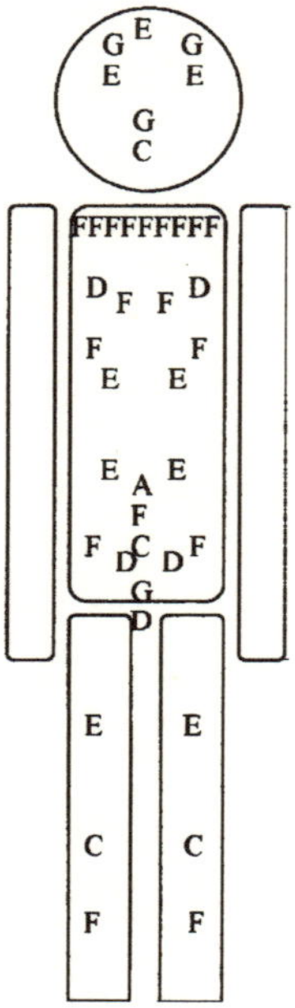

Abb. 2: Verschiedene Töne der Tonleiter versetzen verschiedene Körperstellen in Schwingung (Resonanzverhalten)

Akustik, also die Klangwirkung, ist deshalb so unmittelbar verbunden mit den Gefühlen, weil der Geist vorrangig dem Gehörten vertraut. So gibt es Untersuchungen, die beweisen, daß die Aufmerksamkeit akustische Reize visuellen vorzieht. Manchmal entscheiden Klänge und Geräusche sogar über Leben und Tod. Ich denke dabei an Warnsignale wie eine Autohupe oder ein Feueralarm, aber auch an Warnschreie von Tieren und Vögeln oder das hochkomplizierte akustische Kommunikationssystem von Delphinen oder Walen.

Unsere Ohren, die ja gar keine so kleine Rolle beim Prozeß des Hörens spielen, sind das empfindlichste und feinste Wahrnehmungsorgan, das wir besitzen.
Unsere Ohren unterscheiden 24 Stunden täglich unter anderem Tonhöhe, Lautstärke und Klangfarbe der verschiedenen Geräusche. Sie hören also ein ganz bestimmtes Musikinstrument und haben sofort mit dem Gefühl Kontakt, das Sie in Zusammenhang mit diesem Instrument in Ihrem Gedächtnis gespeichert haben. Achten Sie vielleicht das nächste Mal ganz bewußt darauf, welche Gefühle in Ihrem Körper ausgelöst werden, wenn Sie Ihre Lieblingsmusik hören. Wie bei dem Beispiel mit dem Kinderlachen achten Sie auf Ihre Atmung, auf Ihre Körperhaltung, auf Ihren Gesichtsausdruck usw.
Wir sind lebende Wesen, und es ist erlaubt und erwünscht, daß wir uns Abläufe bewußtmachen, die Tag für Tag, Sonn- und Feiertag eingeschlossen, in unserem Körper stattfinden!

Gehen wir einen Schritt weiter: Organisieren wir uns doch mit Hilfe unserer Vorstellungskraft ein Saiteninstrument. Dieses wird sehr preisgünstig ausfallen, da wir es uns ja nur vorstellen und uns darüber hinaus mit einem einsaitigen Instrument zufriedengeben. Um bei Fachleuten damit Eindruck zu schinden, nennen wir das ganze „Monochord“.

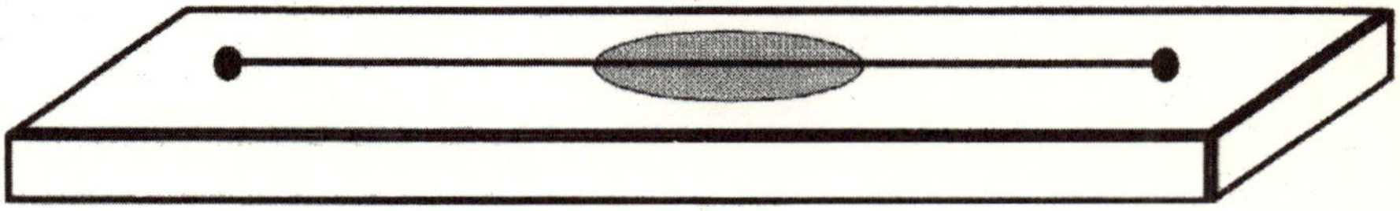

Abb. 3: Ein Monochord

Jetzt zupfen wir vorsichtig an dieser Saite und nehmen an, es erklingt auf einmal der Ton A. Das ist kein Zufall, sondern liegt an der Tonhöhe. Wir haben also diese Saite in Schwingung versetzt und dadurch einen eindeutigen, klar definierten Ton erzeugt.
Jetzt drücken wir auf unserem vorgestellten Monochord die Saite mit unserem Zeigefinger genau in der Mitte fest nieder und können mit Recht behaupten, die Saite halbiert zu haben (siehe Abbildung 4). Zupfen wir diese halbierte Saite neuerlich an – **erklingt wieder ein A!** – wenn auch das nächsthöhere oder, wie Musiker sagen würden, **eine Oktave höher**.

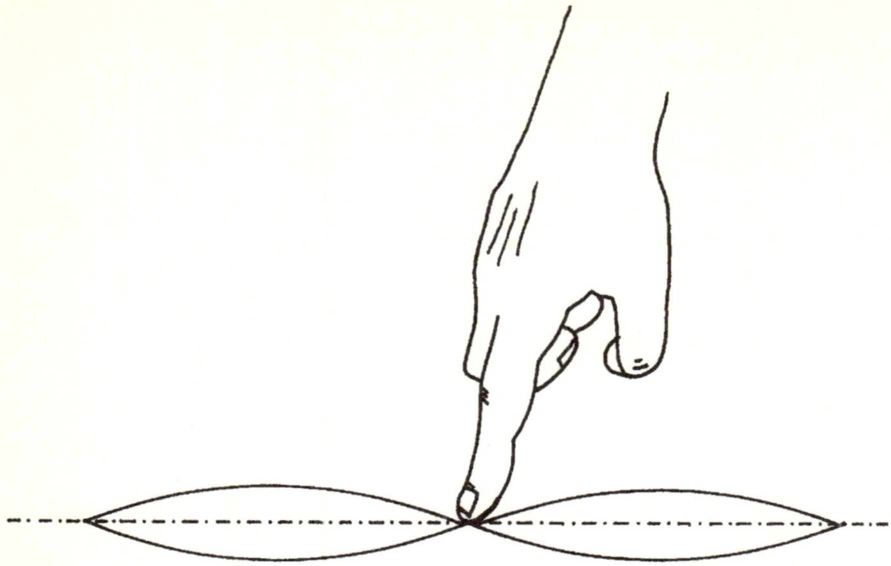

Abb. 4: Die halbierte Saite eines Monochords

Die beiden Hälften der Saite unseres Monochords schwingen jetzt, weil sie halb so lang wie die ganze Saite sind, genau doppelt so schnell. Trotzdem bleiben bei diesen beiden (wenn auch nur in der Vorstellung existenten) Instrumenten eine Menge Eigenschaften gleich: die Lautstärke, die Klangfarbe, die Note und die emotionelle Energie.

Vielleicht sollten wir nur kurz an einige Grundbegriffe erinnern: Um einen Klang zu erzeugen, muß ein Gegenstand schwingen. Er muß sich hin und her bewegen. Je nachdem, wie schnell ein Gegenstand schwingt, erklingt ein hoher oder ein tiefer Ton. Die Geschwindigkeit dieser Hin- und Herbewegung wird entweder Wellenlänge oder Frequenz genannt. Frequenzen werden in Hertz (abgekürzt Hz) angegeben und zeigen die Schwingungsanzahl pro Sekunde an. 5 Hertz sind demnach 5 Schwingungen pro Sekunde.

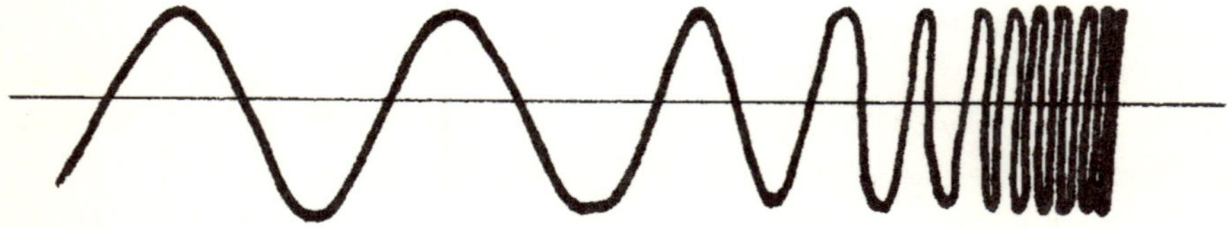

Abb. 5: Schwingung

Von diesen einfachen Gegebenheiten lassen sich einige wichtige Erkenntnisse ableiten:

1. Halbierte oder verdoppelte Geschwindigkeit der Schwingungsbewegung (auch Frequenz genannt) erzeugt die gleiche Note der Tonleiter. Dabei bleiben die Form der Welle, die Klangfarbe, die Lautstärke und die emotionelle Ansprache für unseren Körper gleich, nur die Tonhöhe ändert sich um genau eine Oktave.
2. Frequenzen, die außerhalb des hörbaren Bereiches liegen, lassen sich so in den hörbaren Bereich verlegen. Wir wollen diesen Vorgang der Verlegung im allgemeinen **Transponieren** nennen.
   Was soll das schon wieder heißen?
   Nehmen wir zum Beispiel den Planeten Merkur. Dieser braucht 88 Tage, um einmal um die Sonne zu kreisen. Er tut dies relativ brav und konsequent, weshalb wir behaupten dürfen, daß seine Frequenz 88 Tage beträgt.
   Wenn wir jetzt alles, was wir über den Planeten Merkur wissen (Masse, Rotationsverhalten, Achsenabweichungen etc.), in einen Computer eingeben, kann dieser uns eine Welle dieser Frequenz errechnen und zeichnen. Beschleunigen wir nun mit Hilfe des Computers den armen Merkur immer wieder auf die jeweils doppelte Geschwindigkeit (er braucht dann nur noch 44, 22, 11 Tage, um die Sonne zu umkreisen), transponieren wir den „Ton", der aus der Welle resultiert, Schritt für Schritt um immer eine Oktave nach oben.
   Nach 30 solchen Verdoppelungen oder Oktavierungen rast unser Merkur 141,27mal pro Sekunde um die Sonne. Damit allerdings bewegt er sich im hörbaren Frequenzbereich, der bei Menschen zwischen 16 und 20.000 Hertz liegt.
3. Wir hören nicht die Schwingungen selbst, sondern nur das Schwingungsverhalten des Materials (im Fall unseres Monochords der Saite).

Welt und Urwelt

Diese Erkenntnis ist sehr wichtig, weil wir es hier offensichtlich mit zwei Welten zu tun haben:

- der ursprünglichen Welt oder **Urwelt**, zu der die Schallwelle gehört. Diese Schallwelle wäre gar nicht wahrnehmbar, wenn da nicht die Luft im Resonanzkörper des Instrumentes, von der Saite in Schwingung versetzt, den Ton verstärken würde und irgend etwas im menschlichen Körper (das Cortische

Organ im Innenohr) die Möglichkeit hätte, mit gleicher Geschwindigkeit mitzuschwingen. Dadurch erst nehmen wir Eigenheiten wie Lautstärke, Klangfarbe etc. auf und leiten diese Erkenntnis an unser Gehirn als Wahrnehmung weiter;

- der **Welt**, wie sie sich uns darstellt, die eigentlich nichts anderes als eine Beschreibung der Auswirkungen einer selbst nicht wahrnehmbaren **Urwelt** ist. Im Fall der Schallwelle ist diese **Welt** alles, was wir wahrnehmen können: Klang, Lautstärke, Klangfarbe, Tonhöhe etc.

Oberton	Tonname	Intervall	Frequenz
	c′		262 Hz
1.	c″	Oktave	524 Hz
2.	g″	reine Quinte	786 Hz
3.	c‴	Oktave	1048 Hz
4.	e‴	große Terz	1310 Hz
5.	g‴	reine Quinte	1572 Hz
6.	b‴	kleine Septime	1834 Hz
7.	c⁗	Oktave	2096 Hz
8.	d⁗	große Sekunde	2358 Hz
9.	e⁗	große Terz	2620 Hz
10.	fis⁗	übermäßige Quarte	2882 Hz
11.	g⁗	reine Quinte	3144 Hz
12.	a⁗	kleine Sext	3406 Hz
13.	b⁗	kleine Septime	3668 Hz
14.	h⁗	große Septime	3930 Hz
15.	c′′′′′	Oktave	4192 Hz

Abb. 6: Die ersten 15 Obertöne bei einem mit 262 Hz schwingenden c′ als Grundton

Halt! Lassen Sie sich nicht abschrecken! Das klingt vielleicht verwirrend, ist aber ein wichtiges, wenn nicht **das** wichtige Fundament, auf dem die gesamte Psychoakustik aufbaut. Im übrigen gilt diese Aussage für sämtliche wissenschaftliche Systeme: Wir nehmen nie die Energiezustände selbst wahr, sondern immer nur ihre Auswirkungen auf die entsprechenden Bezugssysteme.

Wir haben es also mit einer **Welt** zu tun, die alles beinhaltet, was wir wahrnehmen, beschreiben oder denken können. Und dann gibt es noch die **Urwelt,** die mit unserem Verstand nicht erfaßbar ist.

Wie bereits gesagt, lassen sich alle Formen von Energie, von Wellen und Frequenzen etc. in den hörbaren Bereich verlegen.
Umgekehrt gilt: Akustische Gesetze lassen sich auf sämtliche Lebensbereiche übertragen.
Wenn wir uns jetzt noch erinnern, daß allein die Vorstellung eines Klanges genügt, um in unserem Körper eine bestimmte Reaktion hervorzurufen, können wir ein funktionierendes Gedankenmodell entwickeln, das wirkliche Lösungen für alle Arten von Problemen anbietet.
Dabei müssen wir uns zunächst gar nicht darum kümmern, ob die Wege der Problemlösung „real" sind oder nicht. Hier zählt nur, was gangbar ist.
Denn – **Realität existiert nur in unserem Kopf!**
Und wenn wir schon mit unterschiedlichen Welten, Wirklichkeiten und Wahrheiten zu tun haben, suchen wir uns doch jene, mit denen wir besser zurechtkommen.
In der Tat kann heute die Psychoakustik-Forschung bereits Lösungen für bis vor kurzem unlösbar scheinende Probleme aufzeigen.
Ich weiß, das klingt alles etwas unglaublich, aber denken Sie einmal darüber nach: Wenn es nur eine Wirklichkeit gäbe, nur eine Wahrheit, dann hätte sie schon jemand entdecken müssen und niedergeschrieben (oder zumindest weitererzählt). Wir brauchten sie nur zu lesen, und auf dieser Welt gäbe es keine Kriege, keinen Hunger und keine Katastrophen mehr, sondern nur mehr Fröhlichkeit, Frieden, Glückseligkeit und Reichtum.

Angesichts dieser Tatsache versteht sich dieses Buch nur als eine Möglichkeit, die Dinge zu sehen. Sie werden mich nie dabei ertappen, daß ich von allgemeingültigen Wahrheiten schreibe. Aber ich biete Ihnen kraftvolle Instrumente an und ersuche Sie zu überprüfen, wo diese Ihnen nützen können.

Zusammenfassung

- Akustische Reize haben unmittelbaren Einfluß auf Körper und Geist.
- Allein die Vorstellung eines Klanges verändert meßbar das Körpergefühl.
- Die Welt, die wir wahrnehmen und beschreiben können, ist direkte Auswirkung einer nicht wahrnehmbaren Urwelt.

- Durch Verdoppelung der Frequenz versetzt man jeden Ton um genau eine Oktave nach oben.
- Energieformen lassen sich in den hörbaren Bereich transponieren.
- Akustische Gesetze lassen sich auf Geist und Psyche anwenden.

So, jetzt aber genug theoretisiert. Machen wir uns gemeinsam daran, einen wichtigen Zusammenhang praktisch zu untersuchen, und zwar den Zusammenhang von . . .

3. Zeit und Psyche

„Mademoiselle Pitou, wann hat das alles eigentlich begonnen?"
„Es hat nie begonnen! Wenn du ein Wegbereiter sein willst, mußt du akzeptieren, daß das Labyrinth ein Produkt deiner Vorstellung ist – ein Gefühl in deinem Kopf. Die ganze Welt ist nur ein Gefühl! Das gilt auch für den Anfang. Es gibt keinen Anfang. Dein Anfang existiert nur in deinem Kopf."
„Aber das ist doch verrückt." Nick Dolphin wurde ungeduldig. „Wenn alles nur in meinem Kopf existiert, ist es ja völlig egal, ob ich hier oder irgendwo anders bin. Das widerspricht ja jeder logischen Erfahrung!"
„Was verstehst du unter logischer Erfahrung? Vertrödle doch nicht deine Zeit mit Dingen, die offensichtlich nicht funktionieren. Oder würdest du das funktionieren nennen, was da mit dir geschieht? Dein Leben ist, wie ich dir sagte, nur ein kurzes Kapitel der Unendlichkeit. Es liegt ausschließlich an dir, was du daraus machst. Sei bereit, dich zu verändern. Möglicherweise wird diese Entscheidung die schwierigste in deinem Leben sein. Aber wenn du dich einmal zur Veränderung entschlossen hast, vertraue dir und deiner Geduld. Dann kannst du beginnen, deinen Weg zu bereiten."
„Und warum soll ich Geduld haben?"
„Damit du warten kannst. Es dauert eine Weile, bis du erkennst, daß du dich verändert hast. Ich habe dir ja schon gesagt, daß dein Leben nur eine Beschreibung des Lebens in deinem Kopf ist. Das heißt, das, was du logische Erfahrung nennst, ist nichts anderes als eine Erinnerung an deine Erfahrung. Du erinnerst dich ja nur an Momente, die schon vorüber sind. Du erinnerst dich also unentwegt! Du siehst, deine Heimat ist nicht die Zeit. Sie täuscht dich bloß. Vertraust du ihr, bist du heimatlos."
Auf einmal hatte Nick das Gefühl, als würde sich seine ganze Welt auf einen Punkt reduzieren. Er selbst, nur einen Schritt von dieser Welt entfernt, war unfähig, auch nur seine Hand auszustrecken. Wie er es auch anstellte, alles blieb unverändert. Die Zeit stand still.
„Mademoiselle Pitou, was geht hier vor?"
„Psst, bleib ganz ruhig und staune."

Wiederholung führt zum Erfolg

Egal, ob wir von Zyklen dieser **Welt**, von Wellen, Klang, Licht oder von Tätigkeiten sprechen, eines der wichtigsten Prinzipien gilt in jedem Fall:

Wiederholung führt zum Erfolg, sie ist die Mutter jeder Fertigkeit.

So wie eine Schallwelle, also ein stetiges Wiederholen des Auf-und-ab-Zyklus, erst den Klang ermöglicht, so lassen sich für alles, was wir tun, Regelmäßigkeiten beschreiben. Nehmen wir irgendein Beispiel: das Abnehmen. Es wird nicht genügen, daß Sie einen Tag überhaupt nichts essen, wenn Sie eine gewisse Menge Körpergewicht verlieren wollen. Nur wenn Sie dauerhaft Ihre Eß-, Denk- oder Bewegungsgewohnheiten, Ihren „Eßzyklus" ändern, werden Sie dauerhaften Erfolg haben.
Der Musiker muß jeden Tag üben, um erfolgreich seine Leistung bringen zu können.
Der Sportler trainiert jeden Tag.
Wer regelmäßig Geld auf ein Sparbuch legt, wird den Erfolg dieser wiederholten Tätigkeit in barer Münze sehen.
Wenn Sie Pflanzen mögen und diese regelmäßig pflegen, werden sie wachsen und gedeihen.
Wer regelmäßig fröhliche Gedanken trainiert, wird mit der Zeit ein fröhlicher Mensch sein.
Wer regelmäßig ein paar Minuten pro Tag seiner Gesundheit widmet, wird ein gesünderer Mensch sein. Und und und ...

Wiederholung führt zum Erfolg.
Mißerfolg ist das erfolgreiche Wiederholen falscher Gedanken.

Natürlich meinen wir nicht ein sinnloses, verbissenes Wiederholen. Wiederholung in unserem Sinn muß das stetige, schrittweise, gleichmäßige Annähern an ein gestecktes Ziel bedeuten. Und so wie jeder von uns zum Gehen einen Fuß vor den anderen setzt und nicht nach zehn Schritten aufgibt, „weil Gehen uns offensichtlich nicht sofort ans Ziel bringt", so nähern wir uns unserem persönlichen Erfolg auch Schritt für Schritt.
Beim Gehen wie beim Erfolg müssen wir Unebenheiten des Bodens ausgleichen, eventuelle Hindernisse überwinden. Wiederholen in unserem Sinne bedeutet also, sich ständig an die sich wechselnden Gegebenheiten anpassen und unter Umständen Korrekturen an den Aktionen vornehmen.

Natürlich haben viele Menschen viele Dinge nach vielen Methoden versucht und sind daran gescheitert. Aber das bedeutet doch nur, daß der Mensch, der bei den ersten Schwierigkeiten aufgibt, das magische Prinzip noch nicht umsetzen kann: **Wiederholung führt zum Erfolg.**
Lassen Sie sich von mir einladen, diesem Weg zu folgen und ab genau **jetzt** nicht mehr aufzugeben. Wer von einer Sache überzeugt ist, entwickelt eine langfristige, kontinuierliche Strategie und kommt damit seinem Ziel immer näher. Der Erfolgreiche paßt sich den Umständen an. Wer nicht die gewünschten Resultate erzielt, verändert etwas an seiner Strategie und versucht es neuerlich. Vielen Erfindungen gingen zigtausend Fehlschläge voraus, bevor das gewünschte Resultat vorlag.
Die Zeit nützen bedeutet also, aus den eigenen Fehlschlägen zu lernen (aus der Vergangenheit lernen, nicht in ihr leben!); das Gelernte in die nächsten Versuche zu integrieren und es neuerlich zu versuchen – bis das gewünschte Ergebnis vorliegt.

Der Faktor Zeit

Erfolgreiche geben nicht auf, bevor sie ihr Ziel erreicht haben. Wer erfolgreich ist, hat mehr sogenannte Fehlschläge hinter sich als andere.
Es ist ja immer das gleiche: Der Mensch versucht etwas, probiert es ein paarmal aus, hat (noch) keinen Erfolg und gibt auf, weil er weitere Fehlschläge erwartet. Glauben Sie vielleicht, daß Joseph Ressel die Schiffsschraube auf den ersten Versuch hin erfunden hat? Oder daß das erste Telefon beim ersten Versuch schon funktioniert hat? Wenn Sie sagen: „Aber ich habe doch schon alles versucht . . .“, dann haben Sie es eben noch nicht oft genug versucht, wenn es noch nicht geklappt hat!
Je erfolgreicher jemand ist, desto mehr Mißerfolge hat er zwangsläufig hinter sich. Manche sprechen dann auch von Erfahrung. Erfolg bedeutet Fehlschläge korrigieren, Fehlschläge korrigieren – noch einmal anfangen, Fehlschläge korrigieren – noch einmal anfangen usw. . . .
Dabei werden wir feststellen, daß es unmöglich ist, eine genaue Zeitspanne festzusetzen, in der wir ein bestimmtes Resultat erreichen wollen.
Albert Einstein wird der Satz zugeschrieben: „Eine Minute auf einer heißen Herdplatte sitzend werden einem relativ lange erscheinen; eine Stunde zusammen mit einem hübschen Mädchen relativ kurz.“
Offensichtlich erleben wir Abläufe oder Tätigkeiten auf verschiedenen Zeitebenen. Dabei spreche ich nicht von den physikalischen Definitionen der Zeit. Denn offen gestanden wird es den meisten von uns ziemlich egal sein,

daß laut der im Jahr 1964 formulierten Definition jede Sekunde als die Zeit für 9.192.631.770 Schwingungen eines Isotops des Caesium-Atoms bezeichnet wird.
Nein, lachen Sie nicht, für uns zählt offensichtlich ein ganz anderes Zeitkriterium: nämlich was unser Geist als schnell oder als langsam, als lange oder als kurz interpretiert.
Noch dazu haben wir ständig eine Reihe von Wahlmöglichkeiten zwischen verschiedenen Zeitebenen:
Nehmen Sie als Beispiel dieses Buch. Da haben Sie gleichzeitig das Wissen (1. Ebene), das von der Forschung in etlichen Jahren (2. Ebene) zusammengetragen wurde, ich habe einige Wochen dazu gebraucht, das Buch niederzuschreiben (3. Ebene), und Sie benötigen eine gewisse Zeit, um es zu lesen (4. Ebene) und möglicherweise eine weitere Zeitspanne, um das Wissen zu nützen (5. Ebene).
Dabei lassen wir in unserem Überschwang die Zeiteinheiten außer acht, die die Energie zurücklegt (Frequenzen), die also die Grundlage bzw. die Bezugssysteme bilden. Außerdem sind diese Frequenzen so hoch, daß wir mit freiem Auge zunächst wenig unterscheiden können. Ändern wir daher kurzerhand den Blickwinkel, und betrachten wir zur Erläuterung einfache **Grundsätze der Musik**.
Da haben wir es mit kurzen und langen Noten zu tun, wir finden Pausen als gleichberechtigte Bestandteile des Musikstücks, wir haben Rhythmen und Zyklen und womöglich all das zusammengefaßt zu einer eindrucksvollen Symphonie – zeitüberdauernd gemeinsam gespeichert auf einer Schallplatte.
Während wir also andächtig dieser Musik lauschen, schweifen unsere Gedanken ab. Wir erinnern uns an Vergangenes, denken vielleicht über die Zukunft nach und leben trotzdem genau **jetzt!**

Alles, was Sie sehen, hören oder fühlen, erreicht zuerst Ihre Sinnesorgane und dann Ihr Gehirn, wird dort mit Ihrer Erinnerung verglichen und entsprechend zugeordnet. Das bedeutet, daß wir diese Welt nicht unmittelbar wahrnehmen, sondern im besten Fall um Bruchteile von Sekunden zeitverzögert. Wenn wir wollen, können wir in diesem Zusammenhang die Reaktionszeit etwa beim Autofahren erwähnen.
Aber meistens läuft die Sache ganz anders: Oft vergehen Tage, Wochen oder Jahre, bis uns eine Idee, oder besser: die Auswirkung einer Information, wichtig wird. Will ich damit sagen, daß wir ein bißchen langsam im Kopf sind? Keineswegs, aber sicher erinnern Sie sich noch gut an Ihre Schulzeit; etwa an Ihren Geographieprofessor, der Sie gezwungen hat, die Sudan-Staaten zu lernen. Ihnen kam das Ganze zunächst reichlich theoretisch vor. Als aber

neulich Ihr Nachbar nach Senegal fuhr, erkannten Sie erst – mit einiger Verzögerung – die Bedeutung Ihres Geographieunterrichts.
Die Zeit kann einem schon zu schaffen machen! Wenn sich die „Realität" nur aus Erinnerungen an die Wahrnehmungen zusammensetzt, wird sich ja jeder von uns an unterschiedliche Details erinnern, und keiner von uns beiden wird wirklich sagen können, was **jetzt** wirklich wahr ist oder nicht.
Wenn ich Sie jetzt fragen würde: „Wie war die Welt heute in der letzten halben Stunde?" – also, was hat sich zugetragen? Was immer Sie mir dann berichten, es wird Ihre Sicht der letzten halben Stunde sein. Aber Ihre Antwort wird garantiert nicht dieselbe halbe Stunde betreffen, die ich jetzt (beim Schreiben dieser Zeilen) meine. Und selbst wenn wir es geschafft hätten, die gleiche Zeitspanne zu beschreiben, hätten unsere Reportagen ziemlich wenig gemeinsam.
Ihre „Wahrheit" der letzten halben Stunde ist sicherlich nicht mit der letzten halben Stunde des US-Präsidenten, des Medizinmannes in Zentralafrika, des Besitzers der Imbißbude in Hongkong, Ihres verstorbenen Urgroßvaters oder irgendeines anderen Wesens auf dieser Erde identisch.
Vielleicht ist Ihre Zeitwahrnehmung auch verzerrt, weil Sie gerade geschlafen und intensiv geträumt haben, in Meditation versunken waren, unter der Einwirkung eines Medikaments stehen . . .
Aber damit nicht genug:
Das Experiment um das **Zeitparadoxon** wurde weltberühmt, denn damit kann für jeden nachvollziehbar die Zeit angehalten werden. Sinngemäß geschieht dabei folgendes:
Eine Uhr mit deutlich sichtbarem, aber nicht geräuschvoll weiterspringendem Sekundenzeiger wird so aufgestellt, daß man sie aus einer bequemen Position (zum Beispiel sitzend) leicht beobachten kann. Dies tut man dann auch, wobei man den Sekundenrhythmus als Kontinuum, also als etwas lückenlos Zusammenhängendes, aufnimmt.
Jetzt schließt man die Augen und stellt sich eine angenehme Umgebung und eine angenehme Tätigkeit vor – zum Beispiel einen Waldspaziergang. Stellen Sie sich wirklich eine konkrete Situation vor. Wenn Sie das Beispiel mit dem Waldspaziergang wählen, atmen Sie die frische Luft, hören Sie das Gezwitscher der Vögel, spüren Sie den moosigen Waldboden unter Ihren Füßen, und beobachten Sie, wie sich das Sonnenlicht einen Weg durch die dichten Bäume bahnt und vielleicht durch ein paar Tautropfen gebrochen wird. Seien Sie in Gedanken wirklich **dort**.
Wenn Ihnen das gelingt und Sie mit Geist und Seele dem Wald gehören, dann öffnen Sie ein ganz klein wenig, **vorsichtig und laaangsssaaam** die Augen und blicken auf die Uhr. Sie werden den Eindruck gewinnen, als ob

der Sekundenzeiger „hängengeblieben“ wäre oder sich zumindest langsamer bewegt. Das geschieht natürlich nur, solange Sie diese vorgestellte Situation mit voller Intensität festhalten können.
Schon nach kurzer Zeit und mit ein wenig Übung werden Sie auf diese Weise die Zeit immer länger anhalten können. Es gibt Menschen, die so ganze Bewegungsabläufe durchdenken können, ohne daß dabei Zeit verstreicht!
Wenn wir uns Bewegungsabläufe vorstellen können, ohne daß dabei Zeit verstreicht, bedeutet das, daß sich unsere Gedanken mit unendlicher Geschwindigkeit fortbewegen können. Was sich mit unendlicher Geschwindigkeit fortbewegen kann, kann sich theoretisch und praktisch an jedem Punkt im Universum befinden, und zwar, unter bestimmten Voraussetzungen, sogar gleichzeitig!
Diese Erkenntnis wird im neunten Kapitel von großer Bedeutung sein.

Hier und jetzt

Jetzt aber wieder zurück zur Zeit und zur Psyche. Was lernen wir aus diesem Experiment?
Na?

- Zunächst einmal sicherlich, daß die sogenannte Vernunft das Begreifen dieser neuen Dimension verhindert. Ich ersuche Sie daher, das soeben Beschriebene zunächst einfach für möglich zu halten und auszuprobieren.
- Für unseren Geist gibt es nur ein **Jetzt** und **Hier**. Dieses **Hier** befindet sich allerdings überall dort, wo sich der Geist **jetzt** aufhält.
  Wir wissen, daß wir die Vergangenheit nicht mehr beeinflussen können und die Zukunft erst, wenn sie zur Gegenwart geworden ist. Das heißt, der Punkt, an dem wir wirken, unser Energiepunkt, ist ausschließlich das **Jetzt!**
- Wir können in der Zukunft nur das erreichen, was wir uns schon jetzt vorstellen können zu sein.
- Aus den beiden vorangegangen Punkten ergibt sich, daß wir im **Hier** und **Jetzt** nur dann gewünschte Ergebnisse erzielen, wenn sich unsere Gedanken im **Hier** und **Jetzt** befinden. Was sie **jetzt** unaufmerksam tun, oder was Sie **jetzt** als lästig empfinden, wird lästige Resultate bringen.
  Warum gewöhnen wir uns nicht einfach an, all die Details unseres täglichen Lebens liebzugewinnen und mit Freude und Konzentration auszuführen? Dabei spreche ich von all den *lästigen Dingen* wie Geschirr waschen, Schuhe oder Fenster putzen, Parkplatz suchen etc. . . . Wenn Sie all das fröhlich und aufmerksam verrichten, wird es aufhören lästig zu sein.

- Immer sind es die kleinen Details, die über die großen Ergebnisse entscheiden. Wie viele Schlachten wurden verloren, weil ein Feldherr unausgeschlafen zum entscheidenden Gefecht erschienen ist? Wie viele Ideen wurden verworfen, weil der Erfinder zu spät fertig wurde? Wie viele Unfälle passieren, weil Menschen mit ihren Gedanken nicht bei der Tätigkeit sind, die sie gerade durchführen?
- Jede Veränderung muß irgendwann einmal **jetzt** stattfinden. Wie bei einer Melodie die Töne eindeutig wechseln, so muß in unserer Lebensmelodie ein Zustand einen anderen eindeutig ablösen. Sie sind entweder schwanger oder nicht. Ein bißchen schwanger gibt es nicht. Wenn Sie zu rauchen aufhören wollen, müssen Sie irgendwann die letzte Zigarette rauchen.

Zusammenfassung

- Wiederholung führt zum Erfolg.
- Wenn wir von Zeit sprechen, meinen wir unterschiedliche Zeitebenen.
- Das Gehirn nimmt unsere Umgebung zeitverschoben wahr.
- Unsere Realität setzt sich aus Erinnerungen an die Wahrnehmung zusammen.
- Diese Erinnerungen unterscheiden sich von Mensch zu Mensch.
- Wir können mit Hilfe des Zeitparadoxons die Zeit anhalten.
- Unsere Gedanken können unendliche Geschwindigkeit erreichen.
- Vernunft verhindert das Begreifen dieser neuen Dimensionen.
- Für unseren Geist gibt es nur ein Jetzt und Hier.

Wie wir uns unsere Realität vorstellen, wird darüber entscheiden, wie wir uns fühlen, ob wir von einer Sache begeistert sind und inwieweit wir selbst bestimmen können, welche Erfahrungen wir machen. Darum geht es in . . .

4. Wahrnehmung und Interpretation

„Arm oder hungrig zu sein sind nur Klänge in deinem Kopf. So als ob du dir ständig die Welt kommentieren würdest. Genauso wie lieben, hassen, Schmerz oder Freude", begann Mademoiselle Pitou nach einer Weile wieder zu sprechen.
„All diese Klänge sind Beschreibungen für deine Welt. Beschreibungen, die man dir seit deiner Kindheit erzählt hat. Daher erwartest du diese Klänge auch. In Wirklichkeit aber kannst du frei bestimmen, was du in deiner Welt wahrnehmen willst. Alles wird erst wirklich, wenn man sich auf die Wirklichkeit geeinigt hat und sie auch erwartet. Halte mehr für möglich! Wie möchtest du etwas Neues erfahren, wenn du nur erwartest, was du schon kennst?"
Nick dachte einen Moment nach. Sein Leben verlief so geordnet. Oft hatte er gehörige Opfer für genau diese Ordnung bringen müssen, und jetzt sollten alle diese Einschränkungen vergeblich gewesen sein?
„Mademoiselle Pitou, Sie vergessen, daß wir nicht allein auf der Welt sind. Dinge geschehen, Menschen sind korrupt und gewalttätig, nützen andere Menschen aus – was soll man da groß erwarten?"
„Du mußt diese Vorstellungen hinter dir lassen. Korruption und Gewalt gibt es nur, weil du es für dich zuläßt; weil du es erwartest. Wenn du deinen Blickwinkel veränderst, wird alles anders. Wenn du alles, was du in deiner Erinnerung haßt, liebst oder wünschst, hinter dir lassen kannst und es nur aus momentaner Sicht beurteilst, kannst du beginnen, deine persönliche Welt aufzubauen. Du wählst dann die Dinge aus, die deinen Weg bereiten. Wohlüberlegt! Du wirst alles, indem du nichts wirst. Du lernst, deine Illusion zu genießen."

Aktionen bringen Resultate

Greifen wir noch einmal die Regel **Wiederholung führt zum Erfolg** auf. Als illustrierendes Beispiel soll hier die bekannte Geschichte des Thomas Edison, des Erfinders der Glühlampe, herhalten. Edison hatte zunächst in der Tat über 10.000 Fehlschläge zu verbuchen – nie brannte die Glühlampe so, wie sie sollte. Als bereits alle Forscherteams und wissenschaftlichen Berater aufgegeben hatten, ließ ihn auch sein letzter Partner im Stich. Er ging mit

den Worten: „Wenn du da noch weitermachst, mußt du Vakuum im Kopf haben.“ Dieser Satz brachte Edison auf die Lösung, und jeder von uns verwendet heute den Draht, der im Vakuum der Glasbirne glüht.
Kümmern wir uns zunächst nicht darum, ob diese Geschichte wahr ist oder nicht, sondern fragen wir uns lieber, was sie an dieser Stelle in diesem Buch zu suchen hat.
Wir konnten bereits aufzeigen, daß Wahrnehmung und Interpretation der **Welt** nicht übereinstimmen. Sobald wir gelernt haben, diesen Unterschied zu erkennen, haben wir es nie mehr mit Fehlschlägen oder Erfolgen, nicht mehr mit Niederlagen oder Siegen zu tun, sondern immer mit **Resultaten**.
Wir können untersuchen, ob die Resultate mit dem übereinstimmen, was wir erwartet haben. Wenn nicht, können (und müssen) wir Aktivitäten setzen, um günstigere Resultate zu bekommen.
Das klingt doch gar nicht so kompliziert, oder?
Wie nehmen wir also wahr, wie interpretieren wir, und was nützt uns das alles?

Jede Aktion bringt ein Resultat.

Unterschiedliche Aktionen bringen unterschiedliche Resultate. Die Entscheidung darüber, wie wir diese Resultate wahrnehmen und wie wir deren Bedeutung für uns interpretieren, wird einzig und allein in unseren eigenen Köpfen getroffen.
So hart es vielleicht zunächst klingen mag, aber in dieser Welt gibt es keinen Segen und keinen Fluch – nur Resultate.
Vergleichen wir das Ganze mit der Musik: Da gibt es grundsätzlich keine richtigen oder falschen Noten, und schon gar nicht gute oder schlechte. Ein Ton klingt – das ist alles. Uns erscheint er unter Umständen dann „falsch“, wenn er nicht zu einer bestimmten Tonart paßt.
In einer C-Dur-Tonleiter kommt eben zum Beispiel kein Fis vor. Ein Fis zu produzieren wäre also aus der Sicht der C-Dur-Tonleiter ein Fehlschlag. Im Gegensatz dazu hat das exakt gleiche Fis zum Beispiel in Cis-Dur, in D-Dur, in Dis-Dur, in E-Dur, in Fis-Dur, in G-Dur, in Gis-Dur, in A-Dur, in Ais-Dur und in H-Dur wichtige Funktionen zu erfüllen.

Nur wir selbst sind es, die bestimmen, wie wir die von uns produzierten Resultate wahrnehmen und wie wir sie interpretieren.
Aber wie nehmen wir wahr? Wie interpretieren wir? Und gibt es einen Unterschied in der Wahrnehmung und Interpretation zwischen harmonischen und weniger harmonischen Menschen?

Solche und ähnliche Fragen ließen mir lange keine Ruhe. Immer wieder fragte ich mich: Was hat den größten Effekt auf mein eigenes Leben gehabt? Wodurch habe ich wirklich positive Veränderungen erzielen können?
Natürlich lag die Lösung für mich bei der Interpretation – bei der Bewertung der einzelnen Situationen, Aktionen etc. Aber wie beurteile ich? Wie bewerte ich? Woher kommt dieses Gefühl, das mich mich gut oder schlecht fühlen läßt? Was ist Bewertung?
Mir wurde bewußt, daß die Bewertung etwa eines Musikstückes individuell in meinem Kopf stattfindet. Aber wie?
Ganz offensichtlich bewerte ich meine Musik, **nachdem** ich sie wahrgenommen habe. Ich legte mir also eine Schallplatte auf, hörte zu und wartete, was passiert. Ich fragte mich: „Was gefällt mir? Was gefällt mir nicht? Finde ich die Melodie so oder so? . . ."
Immer mehr Fragen stellte ich mir, und auf einmal hatte ich einen Verdacht: Kann es sein, daß Bewerten nichts anderes als Fragenstellen ist? Und ist nicht sogar dieser Verdacht eine Frage? Gibt es eigentlich nur mehr Fragen?

Fragen richtig stellen

Da haben wir ja eine verblüffende Entdeckung gemacht: Wenn sich unsere persönliche Realität aus Wahrnehmung und Interpretation zusammensetzt, dann bedeutet das ja, daß jede Wahrnehmung in unserem Hirn eine Frage auslöst, deren Antwort die Interpretation ist.

Denken ist nichts anderes als Fragen stellen und Fragen beantworten.

Auf jede Frage, die wir stellen, bekommen wir die entsprechende Antwort. Der Unterschied zwischen den Menschen ist der Unterschied zwischen ihren Fragen.
Das ist ja fabelhaft! Wir können unser Wohlbefinden und unsere Lebensqualität beeinflussen, indem wir bewußt entscheiden, welche Fragen wir zulassen und welche nicht.
Frage, so wird dir geantwortet! Frage falsch, und dir wird falsch geantwortet!
Wenn wir also unsere Lebensqualität verändern wollen, müssen wir die Qualität der Fragen, die wir uns selbst stellen, verändern. Zufriedene Leute stellen also die besseren Fragen und bekommen daher die besseren Antworten und – Resultate.

Dies beschränkt sich offensichtlich nicht auf einzelne Lebensbereiche. Beruf und Karriere, Beziehungen, Politik, Gesundheit – alles unterliegt dieser Gesetzmäßigkeit: Fragen Sie, und Sie bekommen die Antwort auf genau das, wonach Sie gefragt haben! Wer sich die **Frage** stellt, warum er klein, mickrig und hilflos ist, darf sich nicht wundern, wenn er **Gründe** findet, warum er klein, mickrig und hilflos ist.

Überlegen Sie einmal: Allein die Frage „Warum habe ich dieses Problem?“ fixiert bereits ein unter Umständen nebensächliches Detail als Problem. Hinterfragen Sie die gleiche Geschichte auf andere Art, nämlich:
„Was könnte an dieser Situation gut sein?“,
„Wie löse ich diese Herausforderung?“,
„Was kann ich daraus lernen?“,
„Wie erkenne ich die wirkliche Bedeutung und die beste Lösung?“, bringt Sie das sofort mit Ihren starken und positiven Fähigkeiten in Kontakt. In der Tat sind die richtigen Fragen wie eine Initialzündung für unsere persönliche Kraft.
Stellen Sie sich vor, wie Ihr Leben aussehen könnte, wenn Sie es sich zur Gewohnheit machten, ab heute jeden Tag mit einer positiven Frage zu beginnen.
Fragen Sie sich zum Beispiel:
„Warum wird das heute so ein positiver Tag?“
„Warum geht es mir so gut?“
„Was kann ich heute Positives erfahren?“
„Was kann ich heute Neues erfahren?“
„Was kann ich heute Neues sehen?“
„Was kann ich heute Neues hören?“
„Welche fröhlichen Menschen kann ich heute besser kennenlernen?“
„Wie fühle ich mich, wenn ich glücklich bin?“
„Wie freue ich mich?“
„Wie kann ich meine Freude mit anderen teilen?“
„Wie fühle ich mich, wenn ich etwas Neues erfahre?“
„Worin bin ich heute der Beste?“
„Wie fühle ich mich heute, wenn ich einzigartig bin?“
„Worauf bin ich stolz?“
„Wen liebe ich?“
„Wie fühle ich mich dabei genau?“
„Wer liebt mich?“
„Wie fühle ich mich dabei genau?“
usw.

Erinnern Sie sich: Ihr Gehirn gibt Ihnen Antwort auf genau das, wonach Sie fragen. Nicht mehr und nicht weniger. Die Fragen, die wir uns selbst stellen, richten also unsere Aufmerksamkeit auf das, wonach wir gefragt haben.
Wir können zum Beispiel unseren Gemütszustand binnen einer Sekunde verändern, indem wir unseren Blickwinkel ändern.
Fragen stellen bedeutet ja auch, alles, wonach nicht gefragt wurde, auszuscheiden. Fragen Sie also zum Beispiel: „Warum ist das blau?", scheidet automatisch die Möglichkeit aus, daß dieses Das rot ist.
Die wichtigste Aufgabe wird also in Zukunft sein, in sogenannten Krisensituationen die richtigen Fragen zu stellen.
Wer sich wirklich traurig und schlecht fühlt, tut dies deshalb, weil er alle Gründe, warum er sich **jetzt** gut fühlen kann, in Gedanken ausgeschieden hat.
Umgekehrt gilt natürlich dasselbe: Wer sich besonders gut fühlt, hat in Gedanken alle Gründe ausgeschieden, warum er sich **jetzt** schlecht fühlen kann.

Es ist und bleibt unsere freie Entscheidung, wonach wir suchen, welche Antworten unser Hirn produziert und wie wir uns in der Folge fühlen.

Und das führt uns bereits zu einem nächsten Punkt:

Harmonien erwarten – Dissonanzen verhindern

Wie in der Musik gibt es auch bei unseren Gefühlen Harmonien und Dissonanzen. Das heißt, etwas paßt zusammen und lenkt uns in eine positive Gefühlsrichtung, nennen wir sie Harmonie oder Freude, oder etwas paßt nicht zusammen und lenkt uns in eine negative Gefühlsrichtung, die wir Dissonanz oder Schmerz nennen.
Alles, was Menschen tun oder nicht tun, bewirkt eine dieser beiden Gefühlsrichtungen oder wird davon verursacht. Wir unternehmen nichts, ohne daß wir entweder davon Harmonie erwarten (positive Gefühlsrichtung) oder Dissonanzen verhindern wollen (negative Gefühlsrichtung).
Positiv und **negativ** bedeutet hier natürlich nicht gut oder schlecht, sondern gibt die Richtung an, die unser Gefühl einschlägt.
Wenn, und das erscheint mir sehr wichtig, nun diese beiden Kräfte aufeinanderstoßen, ist die Gefühlsrichtung „Dissonanzen verhindern" die stärkere.
Menschen werden immer alles unternehmen, um das zu verhindern, was für sie Schmerzen bedeutet.
Dieser Umstand wird dann entscheidend, wenn wir die graduellen Unterschiede beachten: Da gibt es die kleinen Freuden, die eigentlich nicht wirklich

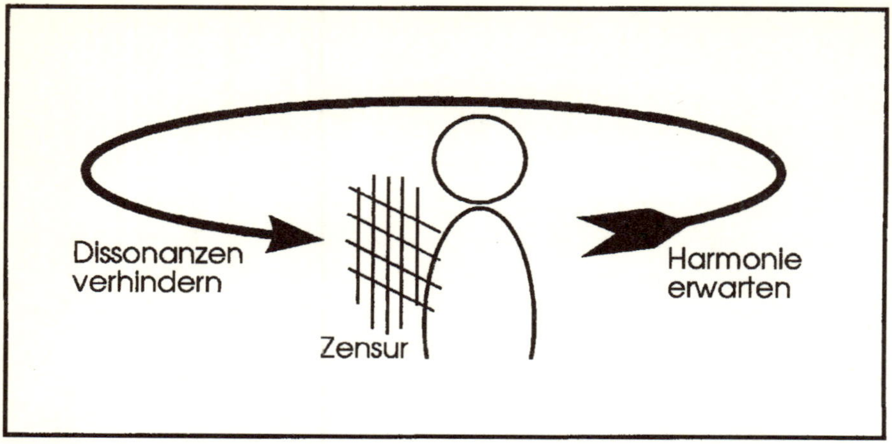

Abb. 7: Alles, was von Menschen getan wird, ist auf diesen Kreislauf zurückzuführen

ins Gewicht zu fallen scheinen. Diese können allerdings rasch unsere Gefühlsrichtung ändern, nämlich wenn sie in Summe zu einer gröberen Dissonanz führen. So wird die kleine Freude, jeden Tag ein paar Kekse zuviel zu essen, zu einer größeren Dissonanz führen, wenn wir uns nach einiger Zeit auf die Waage stellen. Denn: Wiederholung führt ja bekanntlich zum Erfolg.

Andererseits gibt es auch die kleineren Schmerzen, die jede Selbstüberwindung mit sich bringt. Allerdings kann ebendiese Überwindung, zum Beispiel ein tägliches Training, aus Ihnen einen Spitzensportler machen, was dann für große Freude sorgt.

Wir beginnen nichts, wir führen nichts durch, und wir brechen nichts ab, ohne uns davon nicht entweder Freude zu erwarten oder zu versuchen, Schmerzen zu verhindern.

Und natürlich handelt es sich auch hier um eigene Entscheidungen, wie wir Situationen wahrnehmen und wie wir sie interpretieren.

Sie kennen sicher auch das Gefühl, daß Sie eigentlich irgend etwas tun sollten und es ganz einfach nicht tun. Warum nicht? Warum unterläßt der Mensch Tätigkeiten, von denen er weiß, daß sie gut, notwendig, hilfreich oder gesund sind?

Die Antwort liegt auf der Hand:

Auf irgendeiner Ebene, in irgendeinem Punkt sind Sie überzeugt, daß das In-die-Tat-Umsetzen der jeweiligen Sache für Sie schmerzvoller wäre als das Hinausschieben. Sie denken also in **negativer** Gefühlsrichtung.

Die Herausforderung wird also sein, das Kräftespiel zwischen Harmonie und Dissonanz nutzbringend einzusetzen. Denn in jedem Fall erfolgt die Programmierung, was wir für harmonisch oder dissonant halten, sehr privat in unseren Köpfen. Wir eifern vielleicht einem Idol nach, wir kopieren eventuell Vater oder Mutter, wir schließen uns einem Modetrend an, tun Dinge, die gerade „in" sind usw.

Aber gerade darin liegt **jetzt** auch Ihre Chance:

Sie können freiwillig und bewußt entscheiden, was Sie in negativer und was Sie in positiver Gefühlsrichtung denken, was Sie mit Harmonie und was mit Dissonanz verbinden.

Wer also eine Gewohnheit ändern will, vielleicht ein Laster aufgeben oder sich motivieren möchte, etwas Neues zu erlernen, kann nach folgendem Plan vorgehen:

Der Harmonieplan

1. **Identifizieren Sie die Eigenschaft, die geändert werden muß.**
   Hier müssen Sie präzise definieren, womit Sie in Zukunft nicht mehr leben wollen, positiv ausgedrückt, einen „magischen Wunsch" formulieren. Egal, ob es sich da um Nervosität, Gereiztheit, Zigarettenrauchen, Übergewicht oder Nägelbeißen handelt, ob Sie in Ihrem Beruf benachteiligt sind (vielleicht weil Sie nicht Spanisch sprechen); was es auch immer sein mag: Stellen Sie sich diese negative Eigenschaft oder Situation eindeutig vor.

2. **Geben Sie diesem Gefühl maximale negative Gefühlsrichtung.**
   Überlegen Sie sich, was Sie diese Eigenschaft finanziell, emotionell, gesundheitlich . . . schon gekostet hat. Welche zwischenmenschlichen, sozialen . . . Einbußen haben Sie dadurch bereits erlitten? Malen Sie sich ein schreckliches Szenario aus, wie entsetzlich Sie erst in Zukunft darunter leiden würden. Stellen Sie sich vor, wie Sie durch diese Last beeinträchtigt sind. Dieses Szenario muß gelebt, muß gefühlt werden. Lauwarme Vorstellungen bringen nur lauwarme Ergebnisse.
   Verbinden Sie diese negative Eigenschaft, dieses Manko mit allen nur erdenklichen Schmerzvorstellungen und Dissonanzen.

3. **Entwickeln Sie eine großartige Alternative.**
   Stellen Sie sich vor, wie Sie bereits **jetzt** ruhig, froh, gelassen, schlank, fit, gesund . . . Ihren Vorstellungen entsprechend sind. Sehen Sie sich, wie

Sie mit Ihren Geschäftspartnern fließend spanisch sprechen. Fühlen Sie, wie es Ihnen guttut, all diese Vorteile zu genießen.

4. **Verbinden Sie diese Alternative mit aller Freude und Harmonie. Geben Sie ihr eine positive Gefühlsrichtung.**
   Das muß wirklich ein Gefühl von gewaltiger Intensität sein. Alle Vorteile, die Sie von der großartigen Alternative, Ihrem Ziel, erwarten können, müssen Sie sich in leuchtenden Farben ausmalen. Überlegen Sie, wie Sie aussehen, wenn Sie Ihr Ziel erreicht haben. Wie bewegen Sie sich, wie fühlen Sie sich, wie schauen Sie, was haben Sie an? Denken Sie an die Reaktionen der Menschen um Sie. Werden Sie sich bewußt, wie Sie durch diese kleine Veränderung ein völlig neuer Mensch geworden sind!
   Stellen Sie sich wieder und wieder vor, wie sich diese positive Veränderung in der Zukunft ausgewirkt haben wird. In fünf Jahren, in zehn Jahren, welche Vorteile haben Sie da gehabt, was haben Sie sich zusätzlich erwirtschaften können, welche Position in Ihrem Job haben Sie erreichen können?

5. **Setzen Sie Ihren magischen Wunsch in die Tat um.**
   Sie haben für sich eine Marschroute festgelegt, indem Sie den alten Weg, die alte Eigenschaft durch unerfreuliche Dissonanzen blockiert haben und die großartige Alternative, Ihr Ziel, mit der zu erwarteten Harmonie verbunden haben. Beginnen Sie **jetzt** zu marschieren. Schritt für Schritt.
   Denken Sie daran: Wiederholung führt zum Erfolg. Stellen Sie sich die richtigen, kraftvollen Fragen, und identifizieren Sie sich mit Ihrer Entscheidung.

Dabei werden Sie auf einen weiteren Aspekt von Wahrnehmung und Interpretation stoßen: Der Mensch kann weder wahrnehmen, interpretieren, fragen noch sonst irgendwie denken, gäbe es da nicht die

Erinnerungen

Damit meine ich sämtliche Erfahrungen, die in unserem Kopf gespeichert sind und nur darauf warten, zur Bewertung und Interpretation der **Welt** herangezogen zu werden. Je größer die Zahl dieser Erfahrungen und je höher deren Qualität ist, desto größer und vielschichtiger wird die Wahlmöglichkeit und Entscheidungsfähigkeit sein.

Es ist uns bereits klargeworden, welchen Wert die unterschiedlichen Gemütszustände, also die emotionellen Zustände, die unser **Jetzt** bestimmen, haben. Sie beeinflussen ja unentwegt das Speichern und Abrufen unserer Erinnerungen. Sie bestimmen, ob eine Aktion mit positiver Gefühlsrichtung harmonisch oder mit negativer Gefühlsrichtung dissonant in unser Gedächtnis gelangt. Eine positive Gefühlsrichtung führt zu positiven Gefühlszuständen und bewirkt, daß man sich an ähnliche – positive – Zustände erinnert. Auf der anderen Seite verhindert ein negativer Gemütszustand den Zugang zu allen positiven Erinnerungen.

Selten ziehen zum Beispiel Ehepaare in einem Streit ihr erstes Rendezvous als Argument heran. Nicht weil sie nicht wollten, sondern weil ihnen dieses positive Ereignis in ihrer negativen Stimmung gar nicht in den Sinn kommt.

Wenn Sie sich hingegen in einem harmonischen, freudigen Gemütszustand befinden, sind Ihnen Ihre negativen Erinnerungen, etwa an eine verpatzte Mathematikschularbeit, nicht zugänglich.

Sicherlich kennen auch Sie einen Jungen, der ein ausgezeichneter Fußballspieler ist. Dieser Junge weiß aus persönlicher Erfahrung (Erinnerung), daß keiner in seiner Mannschaft besser spielt als er. Kaum betritt er jedoch das Klassenzimmer, um widerwillig dem Mathematikunterricht beizuwohnen, blockiert er alle seine positiven Erinnerungen an seine Stärke und weiß nur, daß er „noch nie gut in Mathematik" war. Für ihn ist Mathematik ein rotes Tuch, also mit einer negativen Gefühlsrichtung verknüpft. Deshalb sucht und fragt er nur nach gleichwertigen, dissonanten Erfahrungen.

Der Gemütszustand wirkt sozusagen wie eine Zensur auf die Interpretation der Gegenwart. Wenn es unserem jungen Mann gelingen würde, seinen aktiven Erinnerungsspeicher zu vergrößern und auch im Mathematikunterricht Zugang zu seinen starken, unbezwingbaren Fertigkeiten zu bekommen, hätte er die Möglichkeit, diese positiven Eigenschaften auf die Mathematik zu übertragen.

Es ist also definitiv nicht unsere gespeicherte Wahrnehmung, sondern unsere Interpretation derselben, die unser Leben beeinflußt.

Ziel ist also wieder, bewußt zu entscheiden, wie wir uns fühlen wollen. Die Bewertung einer Situation hängt davon ab, was zum Vergleich herangezogen wird. Wenn wir uns selbst an unsere positiven, kraftvollen Gemütszustände erinnern, werden wir jeder Herausforderung positiv und kraftvoll begegnen können.

Erinnern wir uns bloß daran, wie lausig wir uns in ähnlichen Situationen gefühlt haben, so werden wir uns **jetzt** wieder lausig fühlen.

Hier zeigt sich erneut, daß wir aus der Vergangenheit zwar lernen müssen, aber nicht in ihr leben dürfen.

Die Vergangenheit hat nur Macht über die Zukunft, wenn wir es ihr gestatten!

Wenn Sie das beherzigen wollen, sollten Sie sich ab **jetzt** nur mehr an Dinge und Situationen erinnern, die stärken und harmonische Lösungen ermöglichen. Um Ihnen dieses Unterfangen zu erleichtern, erzähle ich Ihnen **jetzt** etwas über Ihre sogenannten Kredos – also Glaubensbekenntnisse. Damit es ein bißchen weniger spröde klingt, nenne ich es

Die Harmonielehre des Lebens

Schauen wir wieder in die Welt der Musik. In verschiedenen Ländern wird auf verschiedene Weise musiziert. Ich denke in diesem Zusammenhang an die Musik, die wir aus Chinarestaurants kennen, vielleicht an die indische Sitarmusik etc.
Aber selbst bei uns unterscheiden sich die Musikrichtungen eklatant. Klassik, Pop, Rock, Jazz, Zwölftonmusik sind nur einige der möglichen Beispiele. Und in jeder Musikrichtung ist etwas anderes dissonant oder harmonisch.
Daran wird klar, daß keine der Musikrichtungen die richtige oder die falsche ist. Es gibt nur unterschiedliche Meinungen, unterschiedliche Kredos, die die einen Resultate als passend, andere als unpassend bewerten.
Betrachten wir nun unser Leben und fragen uns, was denn eigentlich zu Dissonanzen und was zu Harmonien führt. Meine Antwort darauf: Ihr „Kredo". Sie werden gleich verstehen, worauf ich hinaus will.
Wir haben (oft schon in unserer Kindheit) Verallgemeinerungen übernommen, die ab einem gewissen Zeitpunkt nicht mehr hinterfragt werden. Diese Verallgemeinerungen helfen uns, uns entweder stark zu fühlen oder schwach und winzig. Sie helfen uns, an uns selbst zu glauben, oder sie zerstören unser Selbstbewußtsein.
Für uns sind sie die Fundamente geworden, die unser Leben so abstecken, „wie unser Leben eben ist". Nur: das Leben ist nicht so – es ist ganz anders.

Wenn der Wille gegen ein Kredo kämpft, gewinnt immer das Kredo.

Egal, was wir erreichen **wollen**, wenn wir nicht **glauben**, daß wir es erreichen können, werden wir es nicht erreichen.
In meinem Seminar „Zeit zur Veränderung" stelle ich den Teilnehmern immer die Frage:
„Was würden Sie tun, wenn Sie unfehlbar wären?"

Und, ob Sie es glauben oder nicht, von allen kommen ganz klare, begeisterte Aussagen über völlig realistische Wünsche und Sehnsüchte. Fragt man dann weiter: „Ja warum tun Sie das nicht **jetzt?**", folgt eine Aufzählung all jener Gründe, warum diese Menschen **glauben**, ihre Ziele nicht erreichen zu können.
Der Zusammenhang wird dann jedesmal deutlich: Das, woran ein Mensch glaubt, macht er voll Energie, motiviert und mit Leidenschaft. Das, woran er nicht glaubt oder nicht glauben kann, probiert er – wenn überhaupt – nur halbherzig. Er investiert nie die Energie, die für ein Gelingen nötig wäre, und – bekommt natürlich ungenügende Resultate. Selbstverständlich hat er dann alles sowieso schon vorher gewußt.
Erfolge setzen immer den Glauben an den Erfolg voraus. Mißerfolge werden durch den Glauben an den Mißerfolg ausgelöst. Bemühen wir an dieser Stelle die schöne Geschichte der „Vier-Minuten-Meile".
Seit Tausenden von Jahren hat die Menschheit (wer immer das auch sein mag) versucht, eine Meile in weniger als vier Minuten zu laufen.
Die alten Römer hetzten ihren Athleten sogar wilde Tiere nach, um die Läufer zu motivieren, die Meile wenigstens aus Todesangst in weniger als vier Minuten zu laufen. Nichts war erfolgreich (die wilden Tiere, die schneller als die Läufer waren, vielleicht ausgenommen).
Es war einfach unmöglich. Man schloß daraus, daß der Mensch ganz einfach nicht dafür gebaut ist, die Strecke von einer Meile in einer kürzeren Zeitspanne zu laufen.
Und das war auch die allgemein anerkannte Meinung – bis 1954 der Läufer Roger Bannister, wie durch ein Wunder, die Welt auf den Kopf stellte: Er schaffte es tatsächlich in weniger als vier Minuten. Ein Kredo war zusammengebrochen. Wie konnte das passieren, wer hatte das zugelassen?
Bannister war kein Außerirdischer. Er war genauso gebaut wie die meisten anderen Athleten, er trainierte nicht härter und war sicherlich nicht stärker motiviert als ein Läufer, der, von einer blutrünstigen Meute gehetzt, um sein Leben rennt.
Aber – er konnte sich vorstellen, das Unmögliche zu meistern, er konnte daran **glauben**. So beeindruckend diese Geschichte schon **jetzt** ist, wird sie noch beeindruckender, wenn man weiß, daß dadurch ein Bann gebrochen wurde und innerhalb des darauffolgenden Jahres 37 andere Läufer die Meile in weniger als vier Minuten liefen. Bannisters Erfahrung hatte ein Kredo der Athleten so verändert, daß sie für sich ein Gefühl der absoluten Sicherheit entwickeln konnten, das ihnen sagte: „Ich schaffe es auch."
Und ein weiteres Jahr später liefen bereits 279 Sportler die Meile in weniger als vier Minuten!

Daraus schließen wir, daß unsere Welt auf unseren Kredos aufbaut.
Es gibt drei Arten von Kredos:

1. **Das generale Kredo**
   Dieses bezieht sich auf unsere **Welt** im gesamten.
   Zum Beispiel: „China ist eine gefährliche Großmacht" oder
   „Sonntags gehen gute Menschen in die Kirche".
   Hier handelt es sich um Verallgemeinerungen, die auf die einzelne Person keine Rücksicht nehmen.

2. **Das Detail-Kredo**
   Zum Beispiel: „Ich bin sportlich."
   „Ich bin unmusikalisch."
   „Ich bin schlecht in Chemie."
   „Ich bin sexy."
   „Ich bin ein talentierter Schauspieler" usw.
   Jedes dieser persönlichen Kredos wird von wichtigen Erfahrungen und Erinnerungen aufgebaut und getragen.
   Nehmen wir das Beispiel: „Ich bin unsportlich." Kann es sein, daß dieses persönliche Glaubenssystem verursacht wurde, weil zum Beispiel
   Herr XY immer lacht, wenn ich der Straßenbahn nachlaufe;
   ich in einem wichtigen Tennismatch verloren habe;
   ich 129 Kilo wiege etc.

Erfahrungen und Erinnerungen halten ein Kredo hoch wie Säulen ein Monument (siehe Abbildung 8).
Daher müssen wir die **Kredos identifizieren**, die unsere Bestrebungen **bremsen und begrenzen**.
Etwa: „Ich bin noch zu jung."
„Ich bin schon zu alt."
„Ich bin Österreicher."
„Ich bin eine Frau."
„Ich bin ein Mann."
Wenn wir solche oder ähnliche Aussagen als Begründung heranziehen, gewisse Ziele nicht einmal zu erreichen versuchen, handelt es sich um

3. **begrenzende Kredos**.

Natürlich machen es uns unsere Mitmenschen nicht gerade leicht, an unsere Einzigartigkeit zu glauben.

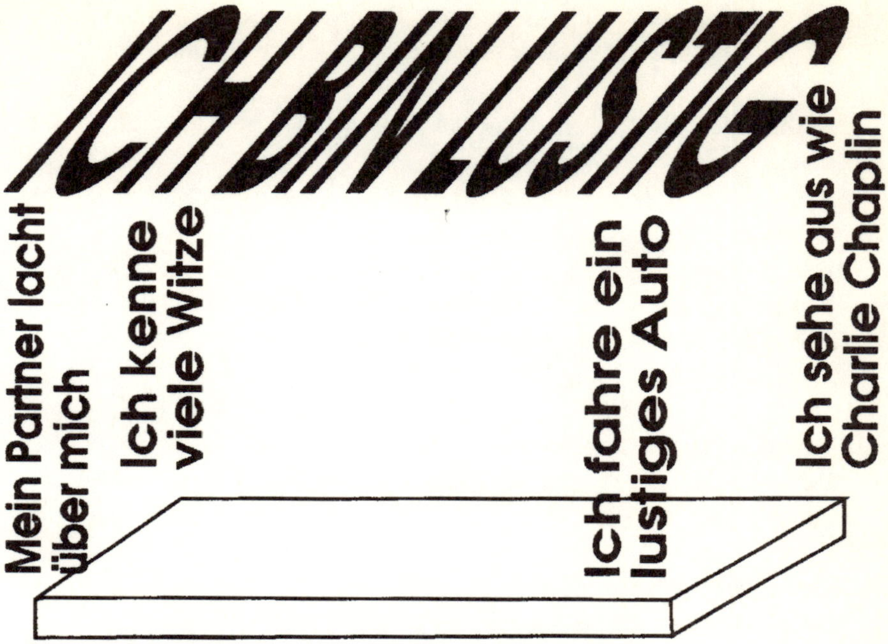

Abb. 8: Ihr Kredo wird von Erfahrungen und Erinnerungen gehalten

Da hört man immer wieder: „Bleib doch realistisch!“
„Das ist doch unmöglich!“
„Das hat doch noch nie geklappt!“

Solche Sprüche unserer besorgten Mitmenschen sind aber im Grunde nichts anderes als die Aufforderung: „Verhalte dich gefälligst nach dem Standard der anderen Menschen!“

Große Politiker, Erfinder oder sonstwelche Vorbilder sind nie „realistisch“. Sie setzen ihren eigenen Standard, und genau dieses Unrealistische ist das Geheimnis ihres Erfolges.

Wenn Sie ein Gefühl der absoluten Sicherheit entwickeln können, ein Gefühl, daß Sie einen Weg finden werden, Ihr Ziel zu erreichen, dann werden Sie auch einen Weg finden. Dabei ist es wirklich egal, ob andere Menschen Ihr Gefühl teilen oder das, was Sie vorhaben, für unmöglich halten.

Ein Kredo ist das Gefühl absoluter Sicherheit einer bestimmten Sache gegenüber.

Wenn Sie an einer Sache immer wieder gescheitert sind, ist die Wahrscheinlichkeit ziemlich groß, daß begrenzende Kredos verantwortlich sind. Untersuchen Sie einmal genauer, welches Kredo der Übeltäter sein kann.

Veränderungen im Leben basieren immer auf Veränderungen eines Kredos.

So verändern Sie ein Kredo:

1. **Hinterfragen**
   Sie genau und spezifisch, wie Sie selbst über Ihr Vorhaben denken.
   Finden Sie heraus, was alles Ihrer Meinung nach geschehen muß oder müßte, damit Sie Erfolg haben.

2. **Identifizieren Sie begrenzende Kredos.**
   Was deutet darauf hin, daß Sie (Ihrer Meinung nach) gar nicht erfolgreich sein können?

3. **Suchen Sie Erinnerungen,**
   wann Sie selbst solche Situationen gemeistert haben.
   Wenn Sie keine herausfinden, konstruieren Sie neue. Stellen Sie sich vor, Sie hätten eine solche Situation bereits erfolgreich hinter sich gebracht. Was hätten Sie getan? Sie wissen ja bereits: Nicht die Erinnerung bestimmt Ihr Leben, sondern die Interpretation dieser Erinnerung!
   Was können Sie aus Ihren **Resultaten** lernen? Stellen Sie sich vor, wie Sie sich fühlen, wie Sie aussehen, wie Sie sich verhalten, wenn Sie dies oder das doch schaffen würden.
   Sie können sich auch jemanden suchen, der das gewünschte Resultat bereits erzielt hat. Schauen Sie, was dieser Jemand gemacht hat, das ihn erfolgreich werden ließ. Diese Technik wird im nächsten Kapitel eingehend behandelt.

4. **Geben Sie den entscheidenden Phasen eine eindeutige Gefühlsrichtung.**
   Wie hat Ihnen bis jetzt dieses begrenzende Kredo geschadet? Wie schadet es Ihnen heute, und wie wird es Ihnen weiter schaden, wenn Sie es nicht ändern?
   Wie nützt Ihnen das erweiterte oder veränderte Kredo? Wie fühlen Sie sich, worüber freuen Sie sich? usw.

5. **Setzen Sie Ihr Vorhaben in die Tat um,**
   und vergessen Sie dabei nicht:

Wiederholung führt zum Erfolg.
Passen Sie Ihre weiteren Schritte, Ihre Wiederholungen Ihren Resultaten an.
Kontrollieren Sie Ihre Gemütszustände.
Kontrollieren Sie Ihre Erinnerungsbilder.
Kontrollieren Sie Ihre Fragen.
Kontrollieren Sie Ihre Wahrnehmung.
Kontrollieren Sie Ihre Interpretationen.
Es gibt nichts Gutes, außer man tut es.

Wenn wir uns schon auf den Weg einer kontinuierlichen Verbesserung unseres Lebens begeben haben, ist es unerläßlich zu verstehen,

Wie unsere Sinne die Welt wahrnehmen

Wir haben alle grundsätzlich drei Möglichkeiten der Wahrnehmung:
Unsere **Augen** liefern dem Hirn **optische** Sinneseindrücke.
Unsere **Ohren** liefern dem Hirn **akustische** Sinneseindrücke.
Unser **Körper** liefert dem Hirn **gefühlsbetonte** Sinneseindrücke.
Unsere Wahrnehmungsorgane bieten dem Gehirn auf unterschiedlichen Ebenen Informationen an, und wir entscheiden, welche der angebotenen Informationen wir auswählen.
Als ich vor Jahren meine eigene Forschungsarbeit zur menschlichen Interpretation der Wahrnehmung begann, ließ mich eine spezielle Frage nicht los: „Gibt es Unterschiede in der Wertigkeit dieser verschiedenen Sinneskanäle?"
Meine Ergebnisse waren mehr als verblüffend:

- In unterschiedlichen Situationen gibt es eindeutige Zuordnungen durch unseren Geist. Der Mensch in unserer Kultur hat nur nie gelernt, seine Wahrnehmungskanäle richtig zu steuern. Wir verwenden unser Hirn also wie jemand, der einen Computer ohne Gebrauchsanweisung benützt.
- Die Unterschiede betreffen nicht nur die Qualität der Information, sondern auch die Orte der Entstehung.
- Diese unterschiedlichen Orte liegen entweder innerhalb oder außerhalb des Körpers. Während ganz offensichtlich Augen und Ohren von außerhalb des Körpers Sinneseindrücke liefern, entwickeln wir unsere Emotionen **immer** innerhalb des Körpers.
- Emotionen wiederum sind immer künstliche Produkte, die unser Geist produ-

ziert, und basieren entweder auf externen Informationen oder internen Erinnerungen.

Die Art, wie wir wahrnehmen und was wir aus dem Wahrgenommenen auswählen, wir wollen es in der Psychoakustik unsere „Denk-Tonart“ nennen, entscheidet, wie wir die **Welt** verstehen. Sie ist ein wichtiger Faktor, vielleicht **der** wichtigste Faktor jeder Kommunikation.
So können wir zwar das gleiche meinen, aber weil wir in verschiedenen Denk-Tonarten sprechen, verstehen wir uns gegenseitig nicht.
Genau an diesem Punkt können wir einhaken und unseren Kommunikationsstandard heben. Versuchen wir herauszufinden, wie wir selbst und wie unser Gegenüber Sinneswahrnehmungen verarbeitet. Ein auffälliges Zeichen dafür ist zum Beispiel die Wahl unserer Worte, im besonderen die Wahl der Verben.
Da *sieht* jemand eine Lösung. Oder etwas *erscheint* ihm logisch.
Da ist jemand *auf diesem Ohr taub,* oder etwas *klingt* überzeugend.
Da *fühlt* sich jemand *angegriffen, hält* etwas für möglich oder *zieht* ein Beispiel heran.

Optik	**Akustik**	**Gefühl**	**Unspezifisch**
sehen	*hören*	*fühlen*	*Sinn*
schauen	*lauschen*	*berühren*	*erfahren*
Blickpunkt	*klingen*	*greifen*	*verstehen*
erscheinen	*klingeln*	*halten*	*denken*
zeigen	*harmonisch*	*rutschen*	*lernen*
beleuchten	*ganz Ohr sein*	*fangen*	*entscheiden*
klar	*Lärm machen*	*einsteigen*	*motivieren*
diffus	*Stille*	*Kontakt*	*Prozeß*
fokussieren	*Resonanz*	*umdrehen*	*empfehlen*
glänzend	*taub*	*hart*	*bewußt werden*
kristallklar	*Dissonanz*	*konkret*	*wissen*
einleuchtend	*übertönen*	*solide*	*wechseln*
vorstellen	*fragen*	*Vorschlag*	*erreichen*
augenscheinlich	*laut*	*gefühlvoll*	

Wir signalisieren mit unseren Worten unbewußt, in welcher Tonart wir denken. Je präziser wir dergleichen Indizien wahrnehmen, desto überzeugender können wir miteinander kommunizieren.
Natürlich spricht kein Mensch nur in einer Tonart. Wir haben alle verschiedene, übergreifende Gedankenstrategien oder Modulationen, aber ebenso, wie

ein Musikstück in einer Grundtonart erklingt, so benützen Menschen jeweils ein System vorrangig.

Jetzt aber los! Spielen Sie Privatdetektiv, und nehmen Sie wahr, in welchem System Ihr Gegenüber denkt. Probieren Sie, Ihrem Gesprächspartner im gleichen System zu antworten, und Sie werden erstaunt sein, wie gut Sie sich mit ihm verstehen werden.
Verwenden Sie dazu die vorstehende kleine Liste, die Ihnen ein paar Beispiele anbietet.

Zusammenfassung

- Jede Aktion bringt ein Resultat.
- Siege oder Niederlagen sind auch nichts anderes als Resultate.
- Denken beruht grundsätzlich auf einem Prozeß des „Fragenstellens" und des „Fragenbeantwortens".
- Wer die besseren Fragen stellt, erzielt die besseren Resultate.
- Eine gestellte Frage eliminiert alles, wonach nicht gefragt wurde.
- Alle motivierenden Gefühlszustände haben eine eindeutige Gefühlsrichtung und können entweder auf „Harmonie erwarten" oder auf „Dissonanzen verhindern" zurückgeführt werden.
- Wir können alles in unserem Leben ändern, wenn wir die besten Lösungen mit Harmonie und schlechte Gewohnheiten oder Mängel mit Dissonanzen verknüpfen und dadurch blockieren.
- Interpretationen der Wahrnehmungen sind nach Gefühlszuständen geordnet in unserem Gedächtnis gespeichert. Je nach aktuellem Gemütszustand haben wir nur Zugang zu übereinstimmenden Erinnerungen bzw. Erfahrungswerten.
- Ein Kredo ist das Gefühl absoluter Sicherheit bezüglich einer bestimmten Sache. Wir unterscheiden
  - generales Kredo
  - Detail-Kredo
  - begrenzendes Kredo.
- Veränderungen im Leben basieren immer auf Veränderungen eines Kredos.
- Wenn der Wille gegen ein Kredo kämpft, gewinnt immer das Kredo.
- Wir verfügen über drei Repräsentationssysteme: das optische, das akustische und das gefühlsorientierte. Das Gefühl ist von der Außenwelt unabhängig.
- Um erfolgreich zu kommunizieren, müssen wir das dominierende System unseres Gegenübers identifizieren und eventuell in diesem antworten.

Die Art, wie wir die **Welt** wahrnehmen, repräsentieren und interpretieren, beeinflußt unsere Gefühle. Umgekehrt beeinflussen unsere Gefühle die **Welt**. Wenden wir uns **jetzt** den Grundvoraussetzungen zu, die unserer gesamten Existenz vorausgehen. Versuchen wir uns jener **Urwelt** anzunähern, und nennen wir dieses Unterfangen . . .

5. Erfolgsformel Psychoakustik

Nick Dolphin verstand gar nichts mehr. Natürlich leuchtete es ihm ein, daß er durch das Erfüllen der in ihn gesetzten Erwartungen ein System unterstützte, das er bei genauerem Hinsehen nie unterstützen wollte. Aber war das ein Fehler, hätte er anders handeln müssen?
Als ob sie seine Gedanken gelesen hätte, begann Mademoiselle Pitou zu sprechen:
„Nick, wenn du deine Taten so wichtig nimmst, daß du glaubst, irgend etwas sei gut oder schlecht, ist das bloß dein Fehler. Wir sind alle gar nicht so wichtig, wie wir gerne glauben! Hör damit auf, dich so wichtig zu nehmen, und die Welt wird für dich aufhören, gut oder schlecht zu sein."
„Sie meinen, alles ist also sinnlos?"
„Aber keineswegs, auch Sinn oder Unsinn, wie du sie verstehst, sind doch nur eine Illusion! Betrachte dein Leben als Übung. Sei klar in deinen Absichten, klar wie ein Kristall, und ehrlich zu dir selbst. Handle, aber ohne Eile. Das wahre Geheimnis des Sinnes dieser Welt kann nur der ergründen, der sich mit seiner Wichtigkeit nicht selbst im Wege steht. Dich trifft auch keine Schuld, wenn du dir bis jetzt so unglaublich wichtig vorgekommen bist. Es ist ja das, was man dir beigebracht hat. Aber damit mußt du aufhören. **Höre** auf diese Welt, und die Zusammenhänge werden sich dir offenbaren! Dann wirst du Herausforderungen bestehen, die du nach allen Überlegungen und Berechnungen gar nicht bestehen kannst. Alles ist dir dann möglich!"
„Aber, Mademoiselle Pitou, ich kann gar nichts hören!"
„Du wirst hören, wenn du nicht mehr nur mit deinen Ohren lauschst. Lausche mit deinem ganzen Körper, Geist, mit deiner Aufmerksamkeit – mit deinem **Ich!**"

Vier Existenzformen

Wir haben uns bereits mit Thomas Edison, dem Erfinder der Glühlampe, beschäftigt. Dieser soll ja auf die Frage „Wollen Sie um jeden Preis einen Weltrekord in Fehlschlägen aufstellen?" geantwortet haben: „Natürlich nicht, ich finde nur auch ein paar Möglichkeiten, wie man die Glühlampe nicht erfindet!"
Nun wissen wir heute natürlich, daß Edison erfolgreich war und das unmöglich Scheinende möglich gemacht hat.
Woher kommen nun aber solche neuen Ideen? Wo entsteht Kreativität?

Begleiten Sie mich einmal bei folgendem Gedankenexperiment, und verwenden wir dabei gleich Edisons Glühbirne:
Nehmen wir eine besonders schöne, schalten wir sie ein, und nennen wir sie „Gott".

Abb. 9: Die Glühbirne „Gott"

Von dieser Glühbirne breitet sich Energie aus, deren Reflexionen wir in einem bestimmten Frequenzbereich sehen können. Dieser Bereich liegt zwischen ca. 380 und 760 Billionen Schwingungen pro Sekunde. Könnten wir Licht hören, würde dieser Bereich eine knappe Oktave umspannen.
Da wir im Augenblick keine Lust haben, uns mit den komplizierten physikalischen Vorgängen näher zu befassen, behaupten wir ganz einfach, daß von dieser Glühlampe Strahlen ausgehen (siehe Abbildung 10).
Natürlich tun sie das nur in unserem Experiment, aber in diesem Fall bestimmen wir die Spielregeln selbst, und so soll es ausnahmsweise gestattet sein.
Wir definieren einen Strahl und geben ihm den Namen **Maxi**. **Maxi** ist also ein willkürlich definierter, unsichtbarer Lichtstrahl. Unsichtbar ist er deshalb, weil wir nur die Reflexionen sehen können. Er ist Teil des Ganzen. Er hat, da er nur einen bestimmten Bereich definiert, Nachbarn und könnte behaupten: „Ich bin Licht."
Das wäre natürlich nur teilweise richtig, da **Maxi** als Teil des Ganzen zwar

Abb. 10: Glühbirne „Gott“, von der Strahlen ausgehen

tatsächlich Licht ist, man es aber erstens gar nicht sieht und **Maxi** zweitens weder Ursache (= Glühbirne) noch Wirkung (= Reflexion) ist.
Jetzt halten wir eine kleine Projektionswand in unseren **Maxi** (siehe Abbildung 11).

Abb. 11: Glühbirne vor Projektionswand

Je nachdem, wo wir diese Projektionswand in den Lichtstrahl halten, ist der entstehende Kegel auf der Wand heller bzw. energiereicher (in der Nähe der Birne) oder weniger hell bzw. energieärmer (in größerer Entfernung von der Birne).

Jetzt denken wir irrsinnig lange nach, was uns dieses Experiment bringen soll – und kommen zu folgendem Ergebnis:
Wir definieren vier Formen von **Maxi**:

1. **Eine „Ich bin"-Form**
   Die Existenz unseres kleinen **Maxi** beruht auf einer willkürlichen Identifikation eines Teils der Glühlampe „Gott".
2. **Eine Geist-Form**
   Maxi kann sich in Gedanken überall aufhalten. Durch seine Definition in der „Ich bin"-Form würde er allerdings immer wissen, daß er **Maxi** ist.
3. **Eine Energie-Form**
   Das ist die Reflexion des Lichtkegels auf der Projektionswand. Dieser ist eindeutig definiert durch Helligkeit, Farbe etc. Diese Energie auf der Wand ist logischerweise die Energie des Strahlenteiles, der hinter der Wand verlaufen würde, wenn es die Wand nicht gäbe.
4. **Eine physikalische Form (die Projektionswand)**
   Diese hat zwar mit der Glühbirne nichts zu tun; es verbindet sie auch nichts mit dem Lichtstrahl – und doch ist sie alles, da sie für uns ja erst das Licht sichtbar macht und wir erst dadurch überhaupt von der Existenz **Maxis** erfahren.

Lassen Sie mich eine Querverbindung zu unserem **Welt-Urwelt**-Modell herstellen, und die ganze Geschichte wirkt nicht mehr so weit hergeholt:
Die Glühbirne soll einer übergeordneten Wesenheit gleichgesetzt sein. Diese wirkt in uns, durch uns und mit uns. Wir sind ein Teil davon.
Die **„Ich bin"-Form** ist die Übergangsform, das höhere Selbst. Der Lichtstrahl ist ja aus der Ganzheit nicht entfernbar und gibt daher nur im Ganzen Sinn.
Die **Geist-Form** soll unsere Gedanken, Emotionen und Interpretationen darstellen. Wir können uns jederzeit vorstellen, wir seien ein Rockstar, ein Sieger, ein Apfelstrudel oder was auch immer, wie wir bereits beweisen konnten.
Die **Energie-Form** stellt das Energiefeld um unseren Körper dar. Dieses Energiefeld ist an unserem Körper genauso befestigt wie der Lichtkegel an der Projektionswand und läßt sich mit Biofeedback-Meßgeräten nachweisen.

Die **Projektionswand** verkörpert den beobachteten Punkt der gesamten Existenzform und stellt ihre Auswirkung dar.
So individuell in diesem Modell jeder einzelne Strahl auch sein mag, haben wir doch auch hier das Prinzip der beschreibbaren **Welt** und einer nicht faßbaren **Urwelt**.

Die Natur folgt harmonischen Gesetzen

Bleiben wir bei diesem Gedankengang und untersuchen unsere Existenz auf Indizien, die den Verdacht, daß alles irgendwie aus der gleichen Urenergie aufgebaut sein könnte, erhärten.
Nehmen wir als Ausgangspunkt die musikalische Oktave, also jenes Intervall, dessen höchster Ton die doppelte Frequenzzahl des Grundtones hat und wesensverwandte Töne zusammenfaßt. Wie der Name schon vermuten läßt, ist es das Intervall von acht Tönen, das allerdings nur sieben verschiedene Töne umspannt. Der achte Ton gleicht nämlich dem ersten und ist gleichzeitig Grundton der nächsten Oktave.
Der griechische Philosoph Pythagoras war im 6. Jahrhundert v. Chr. der erste, von dem wir heute wissen, daß er die Planeten unseres Sonnensystems der musikalischen Tonleiter zugeordnet hat. Seine Arbeit wurde von dem deutschen Astronomen Johannes Kepler zu Ende des 16. Jahrhunderts aufgegriffen. Kepler gab in seinen Büchern in genauer musikalischer Notation die Tonharmonien an, die er den Planeten aufgrund ihrer Bahnbewegungen zuschrieb.
Der britische Wissenschaftler John Alexander Newlands entdeckte in der zweiten Hälfte des 19. Jahrhunderts einen Zusammenhang zwischen den chemischen Grundelementen und der Oktave. Er beobachtete, daß die Reihe aufeinanderfolgender Elemente nach steigender Atommasse ähnliche Eigenschaften wie die musikalische Oktave aufweist, zum Beispiel, daß jedes achte Element dem ersten in seiner Eigenschaft ähnelt.
Wenn diese Entdeckung zunächst auch zu einem Eklat unter den englischen Wissenschaftlern führte, konnte doch Jahre später der russische Forscher Dimitrij I. Mendeljew das sogenannte Periodensystem der chemischen Elemente aufstellen und darin den Oktavgedanken des englischen Kollegen Newlands bestätigen. Seit damals ist anerkannt, daß eine enge Verwandtschaft zwischen der anorganischen Chemie, dem Aufbau der Elemente und der musikalischen Tonleiter besteht.
So überraschend dies alles vielleicht klingt, ist es doch logisch, wenn man bedenkt, daß wir es in beiden Fällen mit Resonanzeigenschaften von Materie zu tun haben.

Und wir können es als Beweis dafür ansehen, daß die Natur streng nach harmonischen Gesetzen aufgebaut ist.
Es gibt noch eine Reihe weiterer Verbindungen zwischen Physik, Musik und Philosophie. So fallen verblüffende Parallelen zwischen dem genetischen Code in den Chromosomen, dem I-Ging – dem uralten chinesischen Weisheitsbuch – der DNS-Struktur, dem Bau der Arche Noah und einigen musikalischen Gesetzen auf. Wer mehr darüber wissen möchte, findet in den Büchern „Verborgener Schlüssel zum Leben" von Martin Schönberger und „Das Alphabet des Lebens" von Helmut Bodenstein umfassende Informationen.
Vieles weist darauf hin, daß unsere gesamte, erfaßbare **Welt**, die die **Urwelt** repräsentiert, aus gleichen Grundbausteinen aufgebaut ist. Eine Menge Beispiele ließen sich hier noch heranziehen, doch sei in diesem Zusammenhang auf die einschlägige Literatur verwiesen (siehe Anhang).
Lassen Sie uns unseren Gedankengang weiterspinnen. Wenn alles aus gleichen Grundbausteinen aufgebaut ist, hängt es auch in gewisser Weise zusammen und bildet so ein System, das wir „kybernetisches" System nennen wollen, da die Kybernetik die Lehre der übergreifenden, ganzheitlichen Zusammenhänge ist. Eines der wichtigsten Gesetze der Kybernetik ist das **Gesetz der erforderlichen Vielfalt**.
Dieses Gesetz besagt, daß in jedem technischen, biologischen und sozialen System jenes Element mit dem größten Variationsbereich das kontrollierende Element ist. Das bedeutet nichts anderes, als daß jedes System vom flexibelsten Teil beherrscht wird.
Umgelegt auf uns Menschen ergibt sich daraus klar: Wer mehr Möglichkeiten hat, auf eine Situation zu reagieren, wird richtiger, überlegter und besser reagieren.
Das wichtigste Ziel dieses Buches ist es eben, zusätzliche Lösungsmöglichkeiten, zusätzliche Denkmodelle anzubieten, damit Sie, lieber Leser, in einer bestimmten Situation mehr Wahlmöglichkeiten haben.

Sagen wir es musikalisch: Je mehr wir über unsere geistigen, emotionellen und körperlichen Zustände wissen, je mehr wir wissen, welche „Tonarten, Stilrichtungen und Interpretationsformen" möglich sind, desto leichter können wir „Problemtonarten" in „Lösungstonarten" transponieren.
Halten wir uns immer vor Augen: Es gibt nichts grundsätzlich Gutes oder Schlechtes, es gibt keine Siege oder Niederlagen, bedeutend ist immer die Art und Weise, wie wir mit den Resultaten, die wir produzieren, umgehen, wie wir sie bewerten und wie wir sie interpretieren.

Damit sind wir auch schon bei einem nächsten wichtigen Teil, der uns zur Erfolgsformel führt. Es ist dies das

Einschwingen auf die Erfolgsmelodie

Jede Klangfarbe und jeder Ton hat einen typischen, eindeutigen Anfang. Dieser Anfang ist nichts anderes als die Anpassung eines zunächst ruhenden Mediums (des Musikinstruments) an die Schwingungsform. Dieser sogenannte Einschwingvorgang dauert je nach Instrument länger oder weniger lang. Das Bild dieses Vorganges ist auf alles, was wir tun, was wir planen und was wir ausführen, direkt übertragbar.
In Analogie zu diesem akustischen Einschwingvorgang können wir also eine Art „Anfangsstadium der Harmonie“ formulieren, während dessen wir uns auf unser gewünschtes Resultat einstimmen: Das gelingt uns, wenn wir:

- eine klare Zielvorstellung, einen magischen Wunsch, definieren
- eine funktionierende Strategie entwickeln
- aktiv werden
- die gewonnenen Resultate überprüfen
- maximale Flexibilität beibehalten

Lassen Sie mich diese Punkte näher ausführen:

1. Eine klare Zielvorstellung definieren

Wer nicht genau weiß, was er erreichen möchte, wird vielleicht aktiv sein, aber nie effektiv vorankommen.
Denken Sie daran: Jeder Gedanke, jede Aktion ist eine Ursache in Bewegung. Jede Bewegung hat eine Richtung, und jede Richtung führt zu einem Ziel. Wenn wir diese Ziele dem Zufall überlassen, werden wir Ziele erreichen, die nicht die unseren sind.
Wenn ich hier von Ziel spreche, denke ich nicht an Allgemeinplätze wie „Ich möchte reich werden“, „Ich möchte Erfolg haben“, „Ich möchte Karriere machen“ etc., sondern ich meine wirklich ganz konkret eine genaue Definition Ihres magischen Wunsches, etwa: „Ich möchte in zwei Jahren Abteilungsleiter der Firma X sein.“
Ich weiß, das klingt einfacher, als es ist, aber ich werde Ihnen eine Möglichkeit zeigen, die wirklich einfach umzusetzen ist:

- Beginnen Sie damit, sich Ihrer Träume bewußt zu werden. Was wollen Sie sein, was wollen Sie besitzen, was wollen Sie teilen? Bewegen Sie sich in positiver Gefühlsrichtung!

Fühlen Sie sich wie ein König. Versetzen Sie sich schon **jetzt** in die Situation, daß Sie alles das erreicht haben, was Sie sich in Ihrem Leben überhaupt nur vorstellen können.
Wie wohnen Sie, und wo wohnen Sie?
Wie sieht Ihr Haus aus?
Wie sieht Ihre Wohnung aus?
Wie sieht Ihre Umgebung aus?
Was für eine Beziehung führen Sie?
Haben Sie Familie?
Welchen Beruf führen Sie aus?
Sie haben in Gedanken wirklich schon alles erreicht, was Sie erreichen wollen, und schreiben es **jetzt** nieder.

- Bearbeiten Sie die Liste Ihrer Träume, indem Sie hinter jedes Ziel ein Datum setzen. Dieses Datum zeigt an, bis wann Sie das jeweilige Ziel erreichen wollen. In 20 Jahren, drei Monaten, einem Jahr, zwei Wochen, sieben Jahren . . .
  Verdeutlichen Sie damit die Zeitrahmen, in denen Sie sich bewegen wollen. Sie werden sehen, daß manche Punkte unmittelbar umzusetzen sind, andere Ziele aber noch weit in der Zukunft liegen. Darüber hinaus verfügen Sie damit über eine Checkliste, die Kurs und Zeitplan überprüft.
  Und vergessen Sie nicht: Auch eine Reise über 1000 Kilometer beginnt mit einem Schritt.
- Nehmen Sie sich die drei wichtigsten Zielvorstellungen heraus, die Sie dieses Jahr noch erreichen können.
  Sie wissen: Der Kurs unserer Gefühlsrichtungen ist entscheidend. Deshalb schreiben Sie genau auf, warum Sie diese drei Ziele unbedingt noch heuer erreichen wollen.
  Welche Vorteile haben Sie daraus?
  Um wieviel besser fühlen Sie sich dann?
  Klären Sie damit das **Warum. Im Zweifelsfall ist immer das *Warum* wichtiger als das *Wie*.**
- Überprüfen Sie die drei Ziele auf ihre harmonischen Ergebnisse. Sind sie für Sie und für alle Beteiligten positiv?
  Sind sie positiv formuliert?
  Allein der Gedanke an das Ziel muß Ihnen bereits Kraft und Freude geben und Sie positiv stimmen.
- Als nächstes schreiben Sie alle Eigenschaften zusammen, die zum Erreichen der Zielvorstellungen notwendig sind.
  Welche Werkzeuge benötigen Sie?
  Welche Kenntnisse benötigen Sie?

Unterstreichen Sie alle Voraussetzungen oder Ressourcen, die Sie bereits besitzen.

- Schreiben Sie alle Ereignisse zusammen, bei denen Sie diese Eigenschaften bereits erfolgreich angewendet haben. Sie sollten damit eine Liste von positiven und stärkenden Erinnerungen erhalten.
- Jetzt beschreiben Sie alle jene Eigenschaften, die Sie noch zusätzlich benötigen, um Ihre Ziele zu erreichen.
  Brauchen Sie mehr Disziplin?
  Benötigen Sie eine zusätzliche Ausbildung?
  Müssen Sie sich die Zeit besser einteilen?
  Brauchen Sie Geld?
  Je genauer die Beschreibung ausfällt, desto genauer wissen Sie, wonach Sie suchen müssen.
- Begründen Sie selbst Schritt für Schritt, warum Sie die gewählten Ziele bis jetzt noch nicht erreicht haben.
  Hindern Sie einschränkende Verallgemeinerungen?
  Ist es die Angst vor Dissonanzen?
  Haben Sie es einfach noch nicht versucht?
  Haben Sie sich noch nicht getraut? . . .

Vor Ihnen sollte jetzt ein Schritt-für-Schritt-Plan liegen, der Ihre Vorstellung einiger persönlicher Ziele repräsentiert.

2. Eine erfolgreiche Strategie entwickeln

Sobald Sie eine klare Vorstellung von einem gewünschten Resultat haben, können Sie sich auf die Suche nach einem gangbaren Weg machen. Eine konkrete Situation: Wenn Sie gut essen wollen, können Sie zum Beispiel eine gute Köchin nach einem Rezept fragen.

Und das ist auch schon eine Antwort, wie Sie zu Ihrer Strategie kommen: Suchen Sie sich ein Vorbild, eine Person, die Sie respektieren und die bereits das gleiche, ein ähnliches oder ein vergleichbares Resultat produziert hat.

Das kann ein Bekannter oder Freund sein, es kann aber genausogut ein Politiker, ein Sportler, ein Musiker oder ein wie immer geartetes Idol sein, sei es lebend oder bereits verstorben. Untersuchen Sie sein oder ihr Erfolgsrezept, und übertragen Sie es auf Ihre Lebenssituation. Wir sprechen hier von **Gefühlspausen**, weil Sie wie beim Abpausen einer Zeichnung alle Details des Vorbildes auf Ihre Situation übertragen.

Je detaillierter Sie den Weg zum Erfolg Ihres Vorbildes pausen, desto wirkungsvoller können Sie aufgrund von Analogien und Querverbindungen in Ihrem eigenen Leben Veränderungen herbeiführen.

Wäre eine gewünschte Eigenschaft Selbstdisziplin, suchen Sie sich den selbstdiszipliniertesten Menschen, der Ihnen nur irgendwie einfällt. Hinterfragen Sie genau, was Sie an ihm so beeindruckt.
Wie genau geht er oder sie vor?
Wie spricht diese Person? Wie schnell, wie laut?
Wie bewegt sich diese Person?
Wie gestaltet dieser Mensch sein Leben?

Wenn Sie ein gutes Rezept erhalten haben, wissen Sie sicher, daß die Originalzusammenstellung der notwendigen Ingredienzen und die richtige Ausführung der Anweisungen auf jeden Fall zum Erfolg führen. Schon möglich, daß es auch andere Rezepte gibt, die das gewünschte Resultat bringen. Aber diese anderen kennen Sie nicht.
Ihr Rezept kennen Sie, und dem können und müssen Sie vertrauen.
Wenn es für bestimmte Eigenschaften kein Vorbild gibt, müssen Sie wieder einmal Ihre Vorstellungskraft bemühen. Denken Sie sich ein Vorbild aus.
Wie würde es aussehen?
Wie würde es sich bewegen?
Wie würde es sich kleiden?
Wie würde es sprechen?
Wie würde es argumentieren?
Halten Sie die auf diese Weise gewonnenen Informationen in wenigen Worten schriftlich fest.
Sicherlich ist Ihnen aufgefallen, daß es völlig unerheblich ist, ob Ihr Vorbild die entsprechende Eigenschaft auch erwiesenermaßen besitzt. Wenn Sie dieser Person die Eigenschaft zuschreiben und daran glauben können, haben Sie damit eine unfehlbare Anleitung zum Erfolg.

3. Aktiv werden

Jetzt setzen Sie das Ganze in die Tat um. Beginnen Sie nicht irgendwann, sondern beginnen Sie **jetzt!** Zumindest in den nächsten 24 Stunden.
Unternehmen Sie die notwendigen Schritte. Schreiben Sie sich in die notwendigen Kurse ein, rufen Sie **jetzt** hilfreiche Menschen an, lassen Sie sich Informationen zuschicken usw. usw.

4. Die gewonnenen Resultate überprüfen

Sobald die **Welt** auf Ihre Aktionen reagiert, überprüfen Sie die Resultate auf ihre Effektivität.
Vergessen Sie auch nicht: Wiederholung führt zum Erfolg. Lernen Sie an

jedem Versuch, und geben Sie nicht auf. Korrigieren Sie Kursabweichungen, und wiederholen Sie Ihre Versuche.
Bleiben Sie aktiv!

5. Maximale Flexibilität behalten
Unter Bedachtnahme des Gesetzes der erforderlichen Vielfalt (siehe Seite 58) bleiben Sie flexibel im Einsatz Ihrer Möglichkeiten.
Wenn Sie erkennen, daß die eine oder andere Strategie in Ihrem Konzept nicht so ganz paßt, ersetzen Sie sie **sofort** durch besser funktionierende Strategien.
Suchen Sie sich unter Umständen neue, bessere Vorbilder. Erhöhen Sie Ihren emotionellen Einsatz.
Suchen Sie sich eventuell geeignetere Stellen, um Ihre Vorhaben umzusetzen.
Ihre persönliche Erfolgsmelodie klingt nur, wenn sie auch gespielt wird.

Halber Einsatz kann nur halbe Resultate bringen. Gar kein Einsatz bringt gar keine Resultate (zumindest keine gewünschten).
Sie haben die Spielregeln aufgestellt. Bleiben Sie wachsam, mit wem Sie Ihren persönlichen Erfolgsweg teilen und welche Resultate Sie auf dem Weg zum Ziel bekommen. Ziehen Sie aus jeder Lehre die Konsequenzen, und lassen Sie sich von niemandem davon abbringen, weiterzugehen.
Denken Sie daran: Jedes Problem ist nichts anderes als eine Herausforderung.
Sie sind der/die einzige, der/die Ihren Erfolgsweg gehen kann.
Sie sind der/die einzige, der/die effektiv an Ihren Erfolg glauben kann.
Dieses Spiel gewinnt nur, wer nicht aufgibt, wer positiv und kontinuierlich an die eigenen Möglichkeiten und an die eigene Kraft glaubt und diese auch einsetzt.

Zusammenfassung

- Wir können vier verschiedene Existenzformen definieren, die ein menschliches Wesen in sich vereint: die „Ich bin"-Form, die Geist-Form, die Energie-Form und die physische Form.
- Es ist physikalisch nachweisbar, daß die Natur streng nach Gesetzen aufgebaut ist, die mit den harmonischen Gesetzen ident sind.

- Jedes System wird vom flexibelsten Element kontrolliert.
- Einschwingen auf die Erfolgsmelodie bedeutet:
  1. Klare Zielvorstellungen definieren
  2. Eine funktionierende Strategie entwickeln
  3. Aktiv werden
  4. Die gewonnenen Resultate überprüfen
  5. Maximale Flexibilität behalten

Wenn Sie in diesem Buch bis hierher vorgedrungen sind, verfügen Sie bereits über funktionelle Instrumente, um Ihr Leben selbst erfolgreich in die Hand zu nehmen. Wir wollen **jetzt** näher auf einige Teilbereiche eingehen und unsere Methoden und Techniken verfeinern.
Beginnen wir zunächst damit:

6. Kontrolle über Ihre Lebensumstände selbst übernehmen

Nick war verwirrt. Was würden die anderen denken? Seine Kollegen, seine Familie, alle würden ihn doch für verrückt halten.

Mademoiselle Pitou antwortete geduldig auf seine Frage:

„Durchschnittsmenschen streben nach Bestätigung in den Augen der Außenstehenden. Bekommen sie sie, fühlen sie sich stark; bekommen sie sie nicht, fühlen sie sich als Versager. Wegbereiter streben nur nach klarer, positiver, innerer Bestätigung. Als Wegbereiter, Nick, darfst du nie auf andere Menschen angewiesen sein! Trag selbst die Verantwortung für dein Leben. Nimm es so an, wie es sich dir bietet, und bedaure dich nicht. Ändere, was du ändern möchtest, aber nimm jede Herausforderung an. In diesem Leben gibt es keine Menschen, die mehr oder weniger wert sind als du! Laß dich nie von anderen demütigen, und demütige auch du niemanden. Wenn du dein Labyrinth verlassen willst, mußt du gescheit und mit Strategie vorgehen. Es wird dir nichts nützen, mit dem Kopf gegen die Wand zu rennen. Das tut dir nur weh. Vertraue den Kräften auf dieser Erde, und benütze sie weise. Schade niemandem, und laß dir nicht schaden. Das erreichst du aber nur, wenn du vorsichtig bist und weißt, was du tust.

Zumindest mußt du so tun, als wüßtest du es."

„Mademoiselle Pitou, hier haben Sie sicher nicht recht! Wenn ich nur so tue als ob, dann erhebe ich mich doch über meine Mitmenschen."

Nick Dolphin war stolz darauf, einen Widerspruch entdeckt zu haben.

„Du erhebst dich nicht über deine Mitmenschen – du löst dich von ihnen", hörte er die überzeugende Antwort.

„Kette dich nicht an Dinge, die dich die Nerven verlieren lassen. Laß los! Verlasse das Alte, und du wirst frei vom Zweifel sein! Denke nie böse an vergangene, böse Dinge. Denke gar nicht daran. Wer sich mit negativen Kräften befaßt, wartet ja nur darauf, niedergeschlagen zu werden. Das ist dumm! Aber so ist der Mensch. Er hält an seinen unbrauchbaren Resultaten fest, obwohl sie ihm nichts einbringen. Er möchte bleiben, wo er ist, sogar auf Kosten seines Wohlergehens. Ändere das! Triff Entscheidungen. Sorge dich aber nur **vor** der Entscheidung. Sobald du dich entschieden hast, gehe deinen Weg überzeugt und ohne Bedenken – zur nächsten Entscheidung."

Auf welcher Frequenz senden Sie?

Raten Sie mal, wie viele verschiedene Wörter es in der deutschen Sprache gibt, um Emotionszustände zu beschreiben?
50? 100? 500?
Alles falsch! Wir haben weit mehr als 2000 verschiedene Möglichkeiten, um zu beschreiben, wie wir uns fühlen. Und jetzt raten Sie noch einmal: Wie vieler dieser unterschiedlichen Emotionen werden wir uns durchschnittlich während einer Woche bewußt?
Der Hälfte? Eines Viertels? Eines Zehntels?
Wieder alles falsch. Nicht mehr als zwölf verschiedener Emotionszustände wird sich der Mensch im Laufe einer Woche durchschnittlich bewußt. Das bedeutet, wir nützen unsere emotionelle Kapazität bloß zu etwas mehr als einem halben Prozent aus. Nun muß man nicht unbedingt gelernter Wirtschaftsfachmann sein, um zu erkennen, daß das ziemlich ineffektiv ist.
Um so mehr, als wir wissen, daß die Emotionen alle unsere Taten bewerten. Wer also diese Welt mit all ihren Farben und Schattierungen, mit allen ihren Wundern und herrlichen Klängen wahrnehmen will, muß zuerst lernen, seine Emotionen bewußt wahrzunehmen. Denn wer die Welt ändern will, muß zuerst sich selbst ändern.
Und uns selbst können wir über unsere Emotionen ändern – und diese können wir nur ändern, siehe oben.
Und wie sollen wir das anpacken?
Ganz einfach, indem man sich **dazu entscheidet**.
Vergleichen Sie sich dabei – mit einem Radiogerät, das auf einer Frequenz trübe, unangenehme und sorgenvolle Sendungen empfängt und auf einer anderen Frequenz schöne, positive.
Welche Frequenz werden Sie lieber einstellen? Kann es sein, daß ich Sie jetzt fragen höre: „Und was, wenn das Empfangsgerät fix auf ‚Trübsal blasen‘ eingestellt ist?“
Was werden Sie da wohl machen? Sie werden diese Situation verändern.
Das heißt natürlich nicht, daß Sie ein zweites Radiogerät dazustellen und versuchen, einen Wohlklang zu produzieren, indem Sie ein paar positive Gedanken zusätzlich empfangen. Das Ganze wird dann nur noch verwirrender. Nein, Sie müssen ganz bewußt die eine Empfangsfrequenz verlassen, um auf die andere zu wechseln.
So einfach ist das. Und woher wissen Sie, wie die positive Frequenz klingt? Da holen Sie sich einfach aus Ihrer Erinnerung ein Ereignis, bei dem Sie sich so richtig gut gefühlt haben. So etwas wird es ja wohl geben. Holen Sie

sich jedes Detail dieser Situation in Erinnerung. Steigen Sie so richtig in diese Geschichte ein – und Sie wissen, wie Sie sich fühlen wollen. Sie wissen genau, wie Sie aussehen wollen, wie schnell Sie atmen wollen, welche Körperhaltung Sie haben wollen, woran Sie denken wollen . . .
Und genau das ist es, worauf Sie sich ab **jetzt** konzentrieren müssen: Sie müssen Ihr eigenes, positives Bild von sich zeichnen und dürfen es nicht mehr aus den Augen lassen!
Verlassen Sie die trübe Frequenz. Richten Sie Ihren Fokus auf das gewünschte Ergebnis, Ihre ganze Aufmerksamkeit auf Ihr Ziel!

Mein Bruder Michael, der einige Zeit Autorennen gefahren ist, würde hier folgendes anschauliches Beispiel bringen: „In einem Rennwagen kannst du es dir nicht leisten, deine Aufmerksamkeit auch nur einen Moment von der Ideallinie abweichen zu lassen. Egal, wo du gerade bist, was zwei Kurven zuvor geschehen ist oder was passieren wird – du mußt **jetzt** deine Gedanken auf der Ideallinie halten. Ein Blick auf die Wand, und du klebst auch schon daran!"
Das klingt doch logisch, oder? Ablenkung durch Angst oder zu intensive Problembehandlung bringt vom Kurs ab. Wer gebannt auf eine Mauer aus Schwierigkeiten starrt, wird daran zerschellen.
Dieses Wissen der Rennfahrer können wir ruhig übernehmen und anwenden. Rennfahrer wissen, daß sich ihr Fahrzeug dorthin bewegt, wohin sie schauen, worauf sie ihre Aufmerksamkeit richten.
Und Sie wissen, daß sich Ihr Leben dorthin bewegt, wohin Sie Ihre Aufmerksamkeit gerichtet haben. Sie müssen also der Versuchung widerstehen, an all die möglichen Ängste und Probleme zu denken. Sie müssen Vertrauen in sich und Ihre Ziele haben. Schauen Sie auf die Lösungen, die Sie sich wünschen, dann bewegen Sie sich automatisch in die richtige Richtung.
Natürlich wird nicht immer alles auf Anhieb funktionieren. Aber Sie wissen, die Chance können Sie nur dann nützen, wenn Sie sich auf die gewünschte Lösung konzentrieren.
Der beste Weg, um in Schwierigkeiten steckenzubleiben und die Ängste siegen zu lassen, ist, sich auf Schwierigkeiten und Ängste zu konzentrieren.
Wenn wir das Bild eines Radioapparates bereits skizziert haben, zeichnen wir es doch ruhig weiter:
Stellen Sie sich vor, Sie lauschen Ihrer Lieblingsmusik. Was, glauben Sie, ist es, das Sie an dieser Musik so mögen? Ist es die Stimme des Sängers? Sind es die Rhythmen der Schlagzeuggruppe? Ist es der satte Klang eines Saxophons oder einer Violine? Was auch immer es ist, Sie haben sich selbst

bestimmte Regeln aufgestellt, an denen Sie erkennen, ob Sie etwas mögen oder nicht. Das gleiche gilt für Ihre Lebenssituation. Nennen wir diese Regeln, um bei der Musik zu bleiben,

Harmonieregeln

und denken kurz darüber nach, wie diese zustande kommen. Eltern wünschen sich von Kindern gerne, daß sie brav sind, ihr Zimmer aufräumen usw. Daraus leiten Kinder natürlich die Regel ab: Wenn sie sich so verhalten, wie die Eltern es als „brav“ sehen, dann hat man sie lieb. Natürlich möchte jeder Mensch, daß man ihn lieb hat und verbindet dieses Gefühl mit „glücklich sein“.

Eine sehr häufige Harmonieregel lautet also: „Wenn Vater mich lobt, dann hat er mich lieb, und dann gebe ich mir die Erlaubnis, mich gut zu fühlen.“ Mitunter ist so eine Regel nicht nur an irgendeine Person gebunden. Nein, zum Beispiel wird die Erlaubnis zum Gutfühlen bloß erteilt, wenn jemand ein ganz bestimmtes Lob ausspricht.

Solche Harmonieregeln können zu ganz schönen Schwierigkeiten führen. Stellen Sie sich vor, für einen Jungen ist das Lob des Vaters das Maß für Wohlbefinden. Leider läuft diese Harmonieregel (Vater lobt – ich fühle mich bestätigt – ich gebe mir die Erlaubnis, mich gut zu fühlen) unbewußt ab, und sobald dieser junge Mann beginnt, sich nach der Pubertät von den Eltern zu lösen, ist er in seinem eigenen Netz gefangen. Der Vater versteht eventuell seinen Sohn nicht mehr und lobt ihn daher auch nicht. Dieser wiederum hat vielleicht keine Ahnung, warum er sich trotz guter Leistungen, trotz bester Resultate immer schlecht, unausgeglichen und unbestätigt fühlt.

Solange wir unser Glück danach ausrichten, was passieren muß, damit wir uns gut fühlen, und wir dieses Passieren nicht selbst kontrollieren können, wird unser Glück ein Zufallsprodukt sein.

Wir alle müssen lernen, die Verantwortung über unser persönliches Glück anderen Personen wegzunehmen und es selbständig zu verwalten. Denn sobald wir entscheiden, daß wir dieses Leben genießen wollen, egal, was passiert, steigern wir automatisch unsere Lebensqualität.

Und jetzt zu Ihnen:

Machen Sie zunächst ein bißchen Inventur bei den Gefühlen und Harmonieregeln, die Sie so auf Lager haben. Wenn Sie wollen, beantworten Sie die folgenden Fragen gleich **jetzt** hier in diesem Buch:

Was genau muß passieren, damit Sie sich selbst erfolgreich fühlen?

Was genau muß passieren, damit Sie sich geliebt fühlen?

Was genau muß passieren, damit Sie sich selbstbewußt fühlen?

Was genau muß passieren, damit Sie das Gefühl haben, eine Situation unter Kontrolle zu haben?

Zögern Sie nicht! Schreiben Sie wirklich **jetzt** ein paar Worte auf. Notieren Sie ein paar Ihrer Harmonieregeln.
Welche Eigenschaften verbinden Sie mit Ihrer Person? Woher wissen Sie das? Was muß geschehen, damit Sie dieses Wissen bestätigt bekommen? Zum Beispiel: Woher wissen Sie, daß Sie ein toller Liebhaber – ein guter Autofahrer – musikalisch – schlecht in Mathematik – zu klein – zu groß sind – eine schlechte Stimme haben?
Schreiben Sie präzise auf, wie Sie das alles wissen können. Also: „Ich bin ein guter Verhandler, wenn ich in der Vorstandssitzung Frau Vlacek immer überzeugen kann.“

Woher wissen Sie, daß Sie ...

Durch diese Übung haben Sie erkennen können, wie Ihre Harmonieregeln die Umstände in jedem Augenblick Ihres Lebens und deshalb auch die Bereitschaft, Verantwortung zu tragen, bestimmen.
Gehen wir einen Schritt weiter: Benützen Sie die soeben zusammengetragenen Regeln als Grundlage, und füllen Sie die beiden Spalten aus:

Was muß passieren, damit Sie sich

gut fühlen:	**schlecht fühlen:**

Schauen Sie sich diese Liste an. Wie viele Voraussetzungen gibt es dafür, daß Sie sich wirklich gut fühlen, im Vergleich zum Gegenteil, daß Sie sich schlecht fühlen?

Wenn Sie nämlich viele Voraussetzungen notiert haben, wie, wann und wo Sie sich schlecht fühlen, aber nur wenige Bedingungen, um sich gut zu fühlen, ist es offensichtlich, warum Sie sich öfter schlecht als gut fühlen.

Harmonieregeln müssen uns erlauben, uns gut zu fühlen, wann immer wir wollen.

Wenn nur *eine bestimmte* Person der Auslöser für ein Glücksgefühl sein kann, wird das einfach zu wenig sein.
Alles, was Sie tun, jede Reaktion, die Sie bekommen oder die Sie auch nicht bekommen, muß Ihnen erlauben, sich gut zu fühlen. Erlauben Sie sich auch, sich gut zu fühlen, wenn Sie erkennen, daß Sie ein gewünschtes Resultat nicht erreicht haben. Sie haben ja die Möglichkeit, Ihr Leben in einem stetigen Lernprozeß zu verbessern.
Je leichter Sie es sich machen, erfreuliche, zufriedene, dankbare Gedanken mit Ihrer Person zu verbinden, desto schwerer machen Sie es sich, sich schlecht zu fühlen.
Umgekehrt können Sie davon ausgehen, daß immer dann schlechte Harmonieregeln vorliegen, wenn

- Ihre Zufriedenheit nicht in Ihrer eigenen Hand liegt,
- andere bestimmen, was an Ihnen gut ist,
- Sie im Verhältnis weniger Möglichkeiten haben, sich gut zu fühlen, als sich schlecht zu fühlen.

Ihre Harmonieregeln müssen es Ihnen **leicht**machen, sich **gut** zu **fühlen!**
Denn:
Jeder Ärger ist ein Harmonieregel-Ärger!
Jede Wut ist eine Harmonieregel-Wut!
Denken Sie einmal darüber nach: Wann haben Sie sich das letzte Mal so richtig über jemanden geärgert? War damals wirklich ausschlaggebend, was dieser Jemand getan oder was er gesagt hat? Oder hat diese Person sich anders verhalten, als sie „hätte sollen"? Hat Sie anders gehandelt, als Sie es erwartet haben?
Konflikte lassen sich fast immer auf Harmonieregel-Konflikte zurückführen. Ich selbst bin zum Beispiel in einer Familie aufgewachsen, wo Diskussionen immer bis zum Ende ausgetragen werden mußten. Es war das Zeichen für Respekt, dem anderen offen und ehrlich bis zu einer zufriedenstellenden Lösung des Problems zur Verfügung zu stehen. Natürlich liefen solche Auseinandersetzungen manchmal recht laut ab. Aber das wichtigste war, daß wir uns nach unseren Regeln respektierten. Schlimmste Verletzung die-

ser Respekt-Harmonieregel war für uns, wenn sich jemand nicht einem solchen Streit stellte und sich womöglich während einer Diskussion zurückzog.
Dorothea, meine Frau, wuchs in einer Familie auf, in der die Respektregel ganz anders aussah: Wer den anderen respektiert, wird nie die Stimme gegen ihn erheben. Sollte eine Diskussion in eine Phase treten, wo man Gefahr läuft, lauter zu werden, ist es ein Zeichen von Respekt, sich aus dieser Diskussion zurückzuziehen und zu warten, bis wieder ein friedlicheres Klima herrscht. Sie können sich vorstellen, daß wir uns gegenseitig verrückt gemacht haben, bis wir auf die Ursache des Konflikts, ebendiese gegensätzliche Auffassung, „woran man Respekt erkennt", gestoßen sind. Heute wissen wir natürlich in solchen Diskussionen, was im anderen vorgeht, aber es waren etliche Gespräche notwendig, bis wir diese „Bombe" entschärfen konnten.

Wann immer Sie sich also schlecht, ärgerlich oder böse fühlen, erinnern Sie sich daran: **Es ist Ihre Harmonieregel, gegen die gerade verstoßen wurde.**
Jeder Mensch ist natürlich davon überzeugt, daß seine Regeln die richtigen sind. Aber:

Unsere Harmonieregeln sind nicht wir selbst.

Fragen Sie sich deshalb in Streitsituationen: „Was ist wichtiger? Meine Harmonieregeln oder meine Beziehung? Meine Harmonieregeln oder diese Freundschaft? Meine Harmonieregeln oder mein Job? . . ."
Dissonanzen in diesem Leben lassen sich immer auf falsche oder unbrauchbare oder nicht mehr aktuelle Harmonieregeln zurückführen.
Erwarten Sie deshalb auch bitte nicht von anderen, daß sie nach Ihren Harmonieregeln leben müssen. Bleiben Sie so flexibel, daß Sie das Leben genießen können, egal, was passiert.

Apropos genießen: Wenn wir schon von Ihren Lebensumständen sprechen, müssen wir uns auch ansehen, wie Sie Ihr Leben programmiert haben.

Gefühls-Software

Wenden wir uns also Ihren internen Programmen zu, die darüber entscheiden, wie Sie Ihre Lebensumstände verstehen und beurteilen.

Die Harmonieregeln bestimmen, *was* Sie wahrnehmen, um sich gut oder schlecht zu fühlen, die Gefühls-Software ist ausschlaggebend dafür, *wie* Sie das wahrnehmen. Sie bestimmt, welche Indizien, welche Argumente Sie in wichtigen Situationen überzeugen, **wie** Sie auf eine bestimmte Situation **reagieren**, ob Sie etwas interessiert oder ob Sie gerade aus Langeweile eingeschlafen sind. Es ist die Gefühls-Software, die Sie ein Glas halb voll oder halb leer sehen läßt.
Gefühls-Software zu entschlüsseln ist sehr einfach. Sie müssen nur über ein Objekt die Frage stellen:
„Was muß . . . können?"
Also: „Was muß ein Job können?", „Was muß eine Beziehung können?", „Was muß ein Plattenspieler können?", „Was muß ein Auto können?" usw.
Die Art der Beantwortung gibt Aufschluß über Ihre Gefühls-Software. Sie werden gleich erkennen, worauf ich hinaus will. Hier ein paar wichtige Möglichkeiten:

1. Innerer oder äußerer Bezugsrahmen

Menschen lassen sich entweder mehr von außen oder mehr von innen steuern. Da braucht der eine das anerkennende Wort seines Kollegen oder das freundliche Nicken seines Chefs, die Zustimmung eines Gremiums oder das anerkennende Schulterklopfen seiner Partnerin. Bei der Bewertung der eigenen Leistung entscheidet die Außenwelt.
Ist der innere Bezugsrahmen dominierend, muß das Lob, die Anerkennung von der eigenen Person, von einem selbst kommen.
Egal, was da andere von einem Innen-Orientierten halten, erst wenn er selbst ganz und gar zufrieden ist, wird ihm das Resultat genügen.
Bezugsrahmen sind natürlich erfahrungsabhängig. Sie werden in Bereichen, in denen Sie über viel Erfahrung verfügen, leichter innere Bezugsrahmen programmiert haben als in Bereichen, in denen Sie völlig neu sind. Scheint logisch, nicht wahr?

2. Sich in eine positive oder negative Richtung bewegen

Sie erinnern sich sicher noch an die Richtungen der Gefühle? Dieses Prinzip ist auch in unserem Verhalten, je nach Charakter stärker in die eine oder andere Richtung, ausgeprägt.
Überzeugt da jemanden ein Produkt, wenn es besonders gut, modern, elegant, bequem, schnell oder exklusiv ist (positive Richtung), wird der andere mehr darauf achten, daß ein Ding Unfälle verhindert, unnötige Kosten spart oder weniger Schadstoffe produziert (negative Richtung).

Wenn Sie zum Beispiel im Verkauf arbeiten, werden Sie sich bei der Wahl der überzeugenden Argumente die Erfolgspunkte holen. Denn den einen Computeranwender werden das Design, die Benutzerfreundlichkeit, die Geschwindigkeit oder bestimmte Extras an einem Laserdrucker interessieren, während einen anderen die niedrigen Ozon-Abstrahlungswerte, der geringere Preis oder die Tatsache, daß es sich um ein inländisches Produkt handelt, überzeugen.

3. Anreißer – Abschließer

Der Anreißer quillt über vor neuen Ideen, ist begeistert, sobald er erkennt, daß seine Gedanken realisierbar sind, wenn es ihm gelingt, das Unmögliche möglich zu machen. Oft verliert er allerdings auf dem Weg der Umsetzung sein Interesse, weil schon wieder neue Ideen nachkommen, die seine Begeisterung in Anspruch nehmen.

Der Abschließer ist der Meinung, daß jede Idee nur soviel wert ist wie das effektive Resultat ihrer Umsetzung. Er weiß, daß erst eine abgeschlossene Sache eine Sache ist. Sein Wahlspruch lautet: „Ein großer Berg Nichts ist immer noch nichts."

4. Matcher – Mismatcher

Der Matcher erkennt in einem Gespräch, in einer Gruppe, in einer Situation die Gemeinsamkeiten und möglichen Lösungen. Er überprüft alles auf Sinn und Nützlichkeit.

Der Mismatcher sucht die Ausnahmen. Wo sind angebotene Lösungen nicht haltbar? Wo kann die eine oder andere Sache nicht funktionieren? Wo liegt der Denkfehler, und wo hat der andere nicht recht?

5. Wieviel überzeugt?

Menschen unterscheiden sich auch durch die Anzahl der Argumente, die notwendig sind, um sie von einer Sache zu überzeugen.

Da genügt jemandem, daß er sich vorstellen kann, daß etwas funktionieren könnte. Dem nächsten genügt die Aussage eines Vertrauten. Wieder ein anderer muß ein Ergebnis selber sehen, um überzeugt zu sein. Und der vierte muß vielleicht zwölf Jahre reibungslosen Betrieb mitverfolgen können.

6. Selbständigkeit – Teamgeist

Menschen fühlen sich nicht immer gleich stark.

Der Selbständige wird die besten Resultate bringen, wenn er eben allein arbeiten kann. Die Verantwortung über einen bestimmten Bereich muß

bei ihm liegen und Arbeits- bzw. Zeiteinteilung der eigenen Entscheidung obliegen.
Leute mit Teamgeist bringen die besten Resultate, wenn sie mit mehreren Menschen zusammenarbeiten können, wenn Verantwortung gemeinsam getragen wird und Arbeitsbereiche klar abgesteckt sind.

7. **Möglichkeit – Notwendigkeit**
   Möglichkeits-Menschen geben sich erst dann zufrieden, wenn sie alle Wege gefunden haben, die theoretisch für möglich gehalten werden können, während die Notwendigkeits-Menschen alles, was ihnen notwendig erscheint, aktiv verfolgen.

Diese Aufstellung umfaßt natürlich nur einen kleinen Teil der möglichen Programmierungen, weil jeder Mensch in bezug auf seine Harmonieregeln eine eigene Gefühls-Software entwickelt hat. So unterscheiden sich Arbeitsstil, Umgang mit der Zeit, Humor, Interessen, Wertigkeiten usw. von Person zu Person.
Programmierungen sind als solche nie richtig oder falsch. Die Programmierungen von Menschen passen in einer bestimmten Situation entweder zusammen, oder sie stoßen sich ab. Damit sind sie ausschlaggebend, ob Menschen miteinander kommunizieren können oder nicht.
Je mehr Programmierungen in einem Gespräch übereinstimmen, desto besser werden diese Menschen miteinander auskommen.

Und **jetzt** sind wieder Sie an der Reihe:
Finden Sie doch heraus, welches die Programmierungen sind, die Ihr Leben bestimmen. Fragen Sie sich zum Beispiel:
„Was muß ein gutes Auto können?"
Vielleicht lautet Ihre Antwort: „Es muß schön rot sein (positive Richtung), damit mein Nachbar neidisch wird (äußerer Bezugsrahmen + wieviel überzeugt), und es soll ein ganz seltenes Modell sein (Möglichkeit)."
Vielleicht antworten Sie auch nur: „Das ist eine sinnlose Frage, im übrigen mache ich solche Aufgaben prinzipiell nicht."
Dann wissen Sie: Sie sind ein Mismatcher, sind auf Notwendigkeit programmiert, haben einen inneren Bezugsrahmen und bewegen sich in die negative Richtung.
Versuchen Sie **jetzt**, am Beispiel Ihrer Person Ihre eigene Gefühls-Software zu entdecken:
Fragen Sie sich zum Beispiel: „Was muß für mich eine Beziehung – ein idealer Job – ein ideales Heim können?"

Was muß . . . können?

Mein(e) Traum .... muß folgendes können:
____
____
____
Mein(e) Traum .... muß folgendes können:
____
____
____
Mein(e) Traum .... muß folgendes können:
____
____
____

Mit Hilfe dieser Übung werden Sie erkannt haben, daß wirklich alles nach dem Programm der Gefühls-Software abläuft. Programmierungen entscheiden darüber, wie überzeugend und wie effektiv Sie Botschaften transportieren können. Menschen mit der Fähigkeit, gut zu kommunizieren, können (bewußt oder unbewußt) die Gefühls-Software des Gegenübers identifizieren und damit auf der richtigen Ebene argumentieren.

Nehmen wir an, Sie hätten ein paar Programmierungen Ihrer Gefühls-Software bei sich selbst entdeckt, die Sie gerne ändern würden. Ist das möglich?

Und wie!

Treffen Sie den Entschluß, und bekennen Sie sich unter allen Umständen zu diesem Entschluß, die jeweilige Programmierung zu ändern. Durchleben Sie in Gedanken Situationen, die typisch für ein bestimmtes Verhalten sind, und überlegen Sie sich, wie Sie besser agieren oder reagieren können.

Stellen Sie sich das bessere Ergebnis in allen Farben, wunderschön und prachtvoll vor. Dann treffen Sie mit sich selbst die Vereinbarung, in Zukunft besser und richtiger zu handeln. Formulieren Sie Ihren „magischen Wunsch“, der Ihr Leben bereichern wird.

Wenn Sie **jetzt** identifiziert haben, was zu problematischen Lebensumständen führen kann, haben Sie auch erkannt, daß Sie bei der Problemlösung selbst aktiv werden müssen.
Sie müssen also bereit sein, sich selbst, Ihre Einstellungen, Ihre Gefühls-Software und/oder Ihre Harmonieregeln zu verändern. Denn vergessen Sie nicht:
Alles ist ein Resultat Ihrer Aktivitäten, Ihrer Aktionen. Unter Veränderung verstehen wir, wie gesagt, neue Wahlmöglichkeiten für mögliche Reaktionen dazuzugewinnen. Sie werden immer die Fähigkeiten zum Beispiel eines Mismatchers behalten, aber wenn Sie auch wie ein Matcher denken können, haben Sie mehr Wahlmöglichkeiten, um eine Entscheidung zu treffen. Das ist die gewünschte Flexibilität; Flexibilität, um uns an Situationen, Personen und Ergebnisse richtig anpassen zu können. Wir gleichen Unebenheiten des Weges aus und überwinden Schwierigkeiten.
Wer nur eine Möglichkeit hat, sein Leben zu gestalten, gleicht einem Auto, das nur mit einem Gang fährt.
Lassen Sie **neue Möglichkeiten** zu.
Betrachten Sie jedenfalls das Leben als eine erfreuliche Sache. Messen Sie auch Konfrontationen nicht zuviel Bedeutung bei! Wenn wir für unser Wohlbefinden selbst verantwortlich sind, existieren Konfrontationen nur, wenn wir sie akzeptieren.
Trainieren wir deshalb

Dissonanzen umprogrammieren

Das Leben ist kein Spiel, wo es Gewinne oder Verluste gibt. Wir alle können immer gewinnen, wenn wir an uns und an anderen Wachstum und Weiterentwicklung zulassen. Damit meine ich, daß nicht jeder, der nicht unserer Meinung ist, uns Böses will.
Wir bewegen uns im Rahmen unserer Vorstellungen von Möglichkeiten und gewinnen dabei den Eindruck, diese Möglichkeiten ausnützen zu müssen. Überlappen sich nun Betätigungsfelder, bekommen wir also etwas mit jemand anderem zu tun, werden automatisch verschiedene Harmonieregeln, Gefühls-Softwares, Kredos etc. aufeinandertreffen. Wahrscheinlich werden die betei-

ligten Personen im einen oder anderen Bereich unterschiedliche Ziele verfolgen oder eine Situation verschieden bewerten.
Betrachten wir zum Beispiel den Torwart bei einem Fußballentscheidungsspiel. Er hat gerade grandios einen Elfmeter gehalten und läßt sich als Held feiern. Die exakt gleiche Situation, die diesem Torwart große Freude vermittelt hat, bedeutet für den Schützen, der diesen Elfmeter vergeben hat, das Gefühl eines großen Fehlschlages. Auf der einen Seite gibt es also einen Sieg, auf der anderen Seite eine Niederlage. Und dem Schiedsrichter sollte es eigentlich völlig egal sein, wie dieser Schuß ausgefallen ist. Die drei Personen, die an dieser Situation beteiligt waren, mußten die Situation unterschiedlich bewerten.
Beim Fußballspiel gilt natürlich der Gedanke von Sieg und Niederlage. Das unterscheidet ein Sportereignis von einer alltäglichen Situation. Im Leben gibt es keine Elfmeterschützen, die treffen oder verfehlen. Es gibt auch keine Torwarte, die halten oder parieren, sondern zwischenmenschliche Kommunikation. Diese Kommunikation ist ein flexibler, gleitender Prozeß. Werden wir uns dessen bewußt, und versuchen wir, harte Fronten zu entschärfen.

In meinem Seminar „Zeit zur Veränderung" bitte ich die Teilnehmer, folgende Übung auszuführen:
Paarweise wird über irgendein Thema diskutiert, wobei ein Teilnehmer den Pro-Standpunkt, der Partner den Kontra-Standpunkt vertritt. Das ist noch nichts Besonderes. Jetzt kommt der Haken: Keiner darf das Wort *aber* verwenden.
Warum eigentlich nicht?
Ganz einfach, weil man mit *aber* die Meinung des anderen als zweitrangig hinter der eigenen klassifiziert.
Wenn ich zu Ihnen sage: „Sie haben schon recht, *aber* in Wirklichkeit . . ." – was bedeutet das? Das heißt doch nur, daß ich finde, daß Sie nicht recht haben, daß es mir eigentlich egal ist, welche Meinung Sie gerade vertreten haben.
Wer diese Übung probiert, erkennt schon bald, daß es viel effektivere Worte für Diskussionen gibt. Zum Beispiel hält *und* die Meinung des anderen am Leben und ergänzt diese mit der eigenen.
Vergleichen Sie das Gefühl bei der Argumentation: „Das mag schon sein, *aber* Sie haben noch übersehen, daß . . ." mit dem Gefühl bei: „Das mag schon sein, *und* ich darf noch hinzufügen, daß . . ."
Ist das nicht verblüffend? Probieren Sie, um wieviel einfacher ein überzeugender Konsens gefunden werden kann, wenn Sie in Diskussionen das Wort *aber* vermeiden.

Das allein ist natürlich noch keine allumfassende Problemlösung, wenn zwei unterschiedliche Harmonieregeln miteinander in Einklang gebracht werden sollen. Da wird es notwendig werden, daß Sie in die Harmonie des Gegenübers wechseln, um den Standpunkt des anderen verstehen und ernst nehmen zu können. Und Sie vergeben sich ja auch nichts dabei. Denn wenn Ihr Gesprächspartner den Eindruck hat, daß Sie ihm entgegenkommen, wird er auch viel eher bereit sein, Ihnen entgegenzukommen. Damit ist jedem Streit die Spitze genommen. Flexibilität und Kompromißbereitschaft heißen die Zauberworte.

Nun ergibt sich aber immer wieder die Situation, daß Menschen in ihre alten Gewohnheiten zurückfallen. Sie fühlen sich durch fremde Harmonieregeln oder Gefühls-Software persönlich angegriffen, weil sie keine Ahnung haben, wie sie damit umgehen sollen. Das ist so, als ob ein Konzertpianist nur in C-Dur spielen kann. Er weiß vielleicht, daß es andere Tonarten auch gibt, aber er beherrscht eben nur C-Dur. Er wird so lange nicht mit anderen zusammenspielen können, solange er nicht auch andere Tonarten trainiert hat und in der Praxis auch anwenden kann.

Unsere Kultur geht leider davon aus, daß wir an uns nichts ändern können. Sprichworte wie: „Was Hänschen nicht lernt, lernt Hans nimmermehr“ oder „Ein Schelm bleibt immer ein Schelm“ sind nur Verniedlichungen der starren Haltung. Denken Sie kurz darüber nach: Wer immer gleich ist, sich nie ändert und in den vorhersehbaren Bahnen denkt, gilt in unserer Gesellschaft als vertrauenswürdig, verläßlich, geradlinig, ehrlich ... Wer allerdings seine Einstellung ändert, ist unberechenbar, sprunghaft, chaotisch, ohne Rückgrat ...

Nicht gerade die einfachste Ausgangssituation für eine Einstellungsänderung.

Die meisten Menschen gehen davon aus, daß wir unsere Gewohnheiten, unsere Eigenschaften, unsere Gefühlszustände eben nicht ändern dürfen. Uns wird erklärt, daß wir unveränderbares Resultat unserer Erziehung, irgendeines Kindheitstraumas, unserer Hormone oder wer weiß von was noch allem sind. Wir werden aber begreifen müssen, daß wir alles, wirklich alles verändern können und auch sollten, wenn wir diese Welt und unser Leben verbessern wollen.

Ich selbst war unzählige Male dabei, wie Menschen in katastrophalen Lebensumständen ihr vermeintlich unabwendbares Schicksal umgelenkt haben und auf einmal selbst Verantwortung über ihr Leben übernahmen. Viele, viele Beispiele zeugen davon, daß es nicht nur möglich, sondern sogar Pflicht ist, das Ruder herumzureißen und das Leben in dieser wundervollen Welt wieder zu genießen.

Für alles gibt es verschiedene Sichtweisen. Wer sich die Mühe macht, neue, bessere, positivere Lösungen zu suchen, wird diese auch finden.
Humor ist eine großartige Möglichkeit, um schwierige Situationen in den Griff zu bekommen. Wie oft haben Sie sich schon selbst sagen hören: „Na, in ein paar Jahren lachen wir darüber.“
Lachen Sie doch heute schon darüber! Warum ein paar Jahre warten? Glauben Sie, es nützt irgend jemandem, wenn Sie aus Solidarität mitleiden oder, nur weil Sie sich vielleicht in einem finanziellen Engpaß befinden, mit dem traurigsten Gesicht herumlaufen? Sagen Sie ehrlich: Was soll das bringen? Und wem nützt es?
Wer es schafft, auf jede Herausforderung mit Freude und Humor zu reagieren, hat sofort Zugriff zu freudigen, kraftvollen Ressourcen.
Nur die Möglichkeit zu haben heißt noch lange nicht, sie auch zu nützen.
Entwickeln Sie Selbstdisziplin in der Anwendung positiver Gedanken. Üben Sie geistige Hygiene, und fühlen Sie sich gut.
Dazu brauchen Sie die eine bestimmte Fähigkeit, nämlich:

Mit Frustrationen umgehen können

Auf jedem zielführenden Weg zur Glückseligkeit gibt es sie im Überfluß: die Frustration.
Lassen Sie nicht zu, daß sie Ihre Träume zerstört. Wenn Sie sich verändert haben, weiß das Ihre Umwelt zuerst noch nicht. Ihre Familie, Ihre Kollegen, Ihre gesamte Umgebung wird in Ihnen noch immer den/die gleiche(n) sehen, der/die Sie vorher waren. Lassen Sie sich nicht in Ihre alten Verhaltensmuster zurückdrängen! Kämpfen Sie für Ihre Errungenschaften, für Ihr Wachstum.
Der Hammer muß sich zunächst vom Nagel entfernen, wenn er kraftvoll darauf niederschlagen möchte. Wer dieses Prinzip verstanden hat, wird all die Ablehnungen, Zurückweisungen und Ungerechtigkeiten wegstecken können und seine Vorhaben immer und immer wieder neuerlich in die Tat umsetzen.
Wenn niemand Frustration bewältigen könnte, gäbe es keine Karrieren, keine Firmen, keine Stars, keine Sportler, es gäbe fast gar nichts!
Jeder Weg zum Ziel beinhaltet Frustration. Ich lade Sie deshalb zu einer großen Herausforderung ein und nenne sie

Die 14-Tage-Kur

Nehmen Sie sich vor, die nächsten 14 Tage auf alles und jedes nur positiv zu reagieren. Freuen Sie sich über alles, was Ihnen widerfährt. Verwenden Sie Ihre Energien, Ihre Emotionen, alle Möglichkeiten dazu, die schönsten, erfreulichsten Seiten Ihres Lebens zu finden. Jede Wut, jeden Ärger müssen Sie sofort in einen ausgleichenden, angenehmen Gefühlszustand verwandeln. Kaum erkennen Sie, daß irgend etwas Ihre glückliche Grundeinstellung gefährden könnte, müssen Sie sofort Maßnahmen ergreifen, um Ihre Gesamtkonstitution glücklich zu halten.

Wenn Sie sich dabei ertappen, auch nur ein einziges Mal länger als drei Minuten in einem nicht positiven, also dissonanten Zustand geblieben zu sein, müssen Sie die Kur von neuem beginnen. Egal, ob Ihnen dieser Lapsus am ersten oder am letzten Tag passiert ist.

Diese Kur ist nur heilsam, wenn Sie wirklich und aktiv zwei ganze Wochen in diesem großartigen, herrlichen Zustand gelebt haben. Wenden Sie dabei alle Techniken an, die Sie bereits gelernt haben, und Sie werden erkennen, wie intensiv, wie erfreulich Ihr Leben aussehen kann.

Und – der eine oder andere soll in diesem rosaroten Zustand geblieben sein und seither ein glückliches Leben führen . . . Warum sollen nicht gerade Sie bestimmen, wie und wann Ihnen das Glück zulacht?

Zusammenfassung

- Die deutsche Sprache verfügt über weit mehr als 2000 verschiedene Wörter, um Gefühlszustände zu beschreiben. Der Mensch nützt nur etwas mehr als ein halbes Prozent innerhalb einer Woche.
- Trübe Gedanken können ausgetauscht werden. Dafür sucht man sich eine erfreuliche Situation und richtet seine komplette Aufmerksamkeit auf das gewünschte Resultat.
- Wir können uns immer gut fühlen. Dafür muß gar nichts passieren. Harmonieregeln wirken meist unbewußt. Harmonieregeln müssen uns erlauben, uns gut zu fühlen, wann immer wir wollen.
- Gefühls-Software bestimmt den Grad des gegenseitigen Verständnisses in der Kommunikation.
- Wenn wir neue Fertigkeiten im Umgang mit uns selbst erwerben, können wir flexibler aus mehr Wahlmöglichkeiten schöpfen, um bessere Entscheidungen zu treffen.
- In hitzigen Diskussionen sollten Sie auf das Wort „aber“ verzichten.
- Die Fähigkeit, mit Frustration umgehen zu können, zählt zu den wichtigsten überhaupt.

Einem Aspekt haben wir bis jetzt viel zuwenig Beachtung geschenkt, nämlich der Frage, wie Sie mit den Resultaten, mit den Veränderungen umgehen; also was Sie aus dem Erreichten, aus Ihren neuen Lebensumständen machen.

Auf zu neuen Taten, beginnen Sie damit, daß Sie . . .

7. Kontrolle über Ihren Geist selbst übernehmen

Nick Dolphin hatte die Orientierung verloren. Er wußte nicht mehr, wo er sich befand, geschweige denn, wie spät es sein konnte. Alles schien zeitlos. Und jeder Gedanke löste ein Gefühl unendlicher Bedeutungslosigkeit aus. Was ihm Mademoiselle Pitou offenbarte, machte da keine Ausnahme. Nick war gefangen in seinem eigenen Gedankenlabyrinth. Die Anweisungen, die er erhielt, erschienen zwar logisch, aber wie sollte er sie auf sein Leben anwenden? Auf seine Situation? Er fühlte sich wie ein Pudding beim Gewichtheben.

„Mademoiselle Pitou", begann er, „wie soll ich mein Leben organisieren, Veranwortung übernehmen, wenn ich es nicht einmal schaffe, hier herauszukommen? Ich sitze fest. Sie sprechen nicht von meinem Leben . . ."

„Nick, vergiß nicht, ich bin du selbst! Du mußt deine Ansicht von der Welt ändern. Alles ist doch nur eine Frage deiner eigenen Erklärungen. Hör auf, dir ständig selbst zu erklären, daß die Welt so oder so ist. Nur dann wird die Welt aufhören, so oder so zu sein. Du weißt bereits genug, um deine Wünsche in die Tat umzusetzen. Bestimme dein Leben mit Achtung vor deiner Ganzheit und mit absolutem Selbstvertrauen. Finde die Schlüsselpunkte von allem, was du verändern möchtest, und dann wirke mit der Kraft deiner ganzen Person auf diese ein."

„Aber wie finde ich diese Schlüsselpunkte?"

„Du bist doch ein Mensch dieser Welt? Daher ist dort draußen dein Betätigungsfeld. Du kannst dich dem Treiben dieser Welt nicht entziehen, aber du kannst deine Einstellung zu diesem Treiben verändern. Lausche exakt auf jedes Detail. Handle nur danach, was dir wirklich wichtig ist. Vertraue deiner eigenen Kraft. Setze dir deine eigenen Ziele, losgelöst vom Glauben, du seist so unglaublich wichtig.

Das ist das Geheimnis der Wegbereiter: überzeugt zu handeln, ohne zu erwarten, dadurch wichtig zu sein. Wer das versteht, hat genug Kraft, sich durch eine Wand, durch einen Raum oder durch die Zeit den Weg zu bereiten. Dann wirst du dieses Labyrinth verlassen, denn du erkennst, daß es nie existiert hat!"

Unter diesen Vorzeichen?

Lassen Sie mich die Geschichte eines Mannes erzählen:
Dieser Mann war nicht gerade vom Glück verfolgt. Als er sich nach der Schule entschlossen hatte, sich einem Psychologiestudium zu widmen, warf ihn die Tatsache, daß er an Kinderlähmung erkrankte, völlig aus der Bahn. Zunächst vollständig gelähmt, konnte er während der nächsten Jahre kleine Verbesserungen seiner körperlichen Situation erzielen. Auch wenn seine Pläne vereitelt schienen, gab er nicht auf; bis ihn dann ein weiterer Anfall von Kinderlähmung völlig an den Rollstuhl fesselte. Seine Farbwahrnehmung war fast völlig zerstört, er war so gut wie an allen Gliedmaßen gelähmt, sogar sein Zwerchfell war nur teilweise funktionsfähig. Seine Lippen waren zu einem Großteil paralysiert, und die Kontrolle über die Zunge war schwer beeinträchtigt.
Ein künstliches Gebiß konnte er nicht tragen. Die Lähmung hatte sich auch auf seine Stimme ausgewirkt: Er war stets heiser und sehr schwer zu verstehen.
Alles in allem nicht gerade die ideale Voraussetzung für jemanden, der anderen helfen will, indem er mit ihnen spricht.
Wir könnten an dieser Stelle die Frage einwerfen, ob das Leben wirklich gerecht ist, wenn es einen Menschen dermaßen benachteiligt. Was führt dazu, daß eine Person so immens große Herausforderungen zu bewältigen hat? Ist es ein Test an unser Vertrauen? Ist es eine Chance, ein besserer Mensch zu werden? Haben Sie sich je gefragt, was einen Menschen dazu bringt, Verantwortung zu tragen und Herausforderungen anzunehmen? Was führt den einen dazu, daß er scheinbar grundlos ein glückliches und zufriedenes Leben lebt, während ein anderer seine Talente verschwendet und womöglich ein selbstzerstörerisches, depressives Leben lebt?

Lassen Sie mich eine zweite Geschichte erzählen:
Es ist die Geschichte eines anderen Mannes, und sein Leben verlief völlig anders als das vorher geschilderte. Er war durch und durch gesund, mit einem unglaublichen Talent zum Komiker begnadet – er war einer, von dem man mit Recht behauptete, er wäre für die Unterhaltung anderer geboren. Seine Karriere entwickelte sich dementsprechend unglaublich:
Schon als Junge machte er mit seinen Soloauftritten Furore. Als er im Alter von 22 Jahren Mitglied der berühmten „Second City Comedy Troupe“ von Chicago wurde, wurde er über Nacht bekannt. Er war so schnell Komiker Nummer eins in der Stadt, wie noch nie jemand zuvor.
Es verwunderte niemanden, als er schon bald einen Bombenvertrag nach

New York erhielt, wo er zum Fernsehen wechselte. Seine Sendung wurde auf Anhieb als *die* Erfolgsserie der siebziger Jahre gefeiert. Daß er zum Film kam, war nur eine Frage der Zeit. Im Handumdrehen war er der jugendliche Filmstar, dessen Filme zur Identifikation der amerikanischen Nation wurden. Im Bereich Musik wirkte er sozusagen nebenbei und hatte auch dort den gleichen, augenblicklichen Erfolg. Er war beliebt und hatte echte Freunde. Seine Frau liebte ihn, und er lebte in prachtvollen Wohnungen in New York City und Martha's Vineyard. Offensichtlich gab es nichts, was diese Person nicht sofort erreichen konnte. Er war der Inbegriff des amerikanischen Traums.

Ich glaube, die Frage erübrigt sich, welches der beiden Leben Sie persönlich bevorzugen würden. Zu eindeutig sind hier doch die Würfel gefallen. Aber warten Sie mit Ihrer Entscheidung noch eine Sekunde. Hören Sie, wie die Leben dieser beiden Männer weitergegangen sind:
Der erste Mann nahm sein Schicksal als Herausforderung an. Etwas, das jeden anderen zum Aufgeben gezwungen hätte, arbeitete er für sich als individuelle Besonderheit heraus. Er bildete seine Stimme, oder das, was von ihr übrig war, zu einem Werkzeug aus, das zum Symbol so ziemlich aller modernen Psychotherapien wurde. Er wurde Vorbild und Leitbild für Kommunikationsspezialisten. Seine unzähligen körperlichen Beschwerden konnten ihn nicht daran hindern, einer der lebensfreudigsten Menschen zu werden, die man sich vorstellen kann. Er war immer ein freundlicher, mitfühlender, rücksichtsvoller Mensch, und wenn er lachte, strahlte seine Umgebung. Menschen, die ihn näher kannten, sagten immer wieder, daß er jemand sei, der wirklich auf hinreißende Art andächtig staunen konnte. All die zigtausend positiven Veränderungen, die er bei seinen Patienten zuwege brachte, freuten ihn selbst wahrscheinlich am meisten. Er führte eine glückliche Ehe, und als er im Alter von 79 Jahren friedlich starb, hinterließ er eine der bedeutendsten Hinterlassenschaften dieses Jahrhunderts. Sein Name war **Milton H. Erickson**, und es gibt keine Richtung der modernen Psychologie, die nicht auf irgendeine Weise auf ihn und sein Wirken Bezug nimmt.

Die zweite Person, von der wir gesprochen haben, war jemand, den Sie wahrscheinlich ganz gut kennen. Sein Name war **John Belushi**, einer der Blues Brothers. Er war *der* gefeierte Komiker der siebziger und frühen achtziger Jahre. Er spielte Hauptrollen in Filmen, die zu Kultfilmen avancierten und konnte so ziemlich alle Menschen fröhlich machen, ausgenommen sich selbst. Als er im Alter von 32 Jahren starb, stellten die Ärzte als Todesursache „Herzversagen durch exzessiven Mißbrauch von Heroin und Kokain" fest.

Damit hatte er selbst seinem depressiven, leergelaufenen Leben einen Schlußpunkt gesetzt.

Schicksale wie diese beiden gibt es wie Sand am Meer. Etwa Klaus Haetzl, der Krebs überwunden hat und anschließend eine der schwersten Belastungsproben dieser Welt gewann, den Ultraman-Marathon auf Hawaii; Blinde oder Behinderte wie Stevie Wonder und Itzhak Perlman sind gefeierte Stars. Auf der anderen Seite gibt es Menschen, die alles nur erdenkliche Glück auf dieser Welt zu haben scheinen und dennoch keinen persönlichen Halt im Leben finden und in Alkohol oder Drogen untergehen.
Offensichtlich haben wir es hier mit der Frage der persönlichen Kraft zu tun. Was machen wir aus unseren Lebensumständen? Denn mittlerweile ist es ja kein Geheimnis mehr, daß das Erkennen des Weges allein noch gar nichts bewirkt. Wir müssen also unsere geistigen Möglichkeiten verantwortungsvoll verwalten und nach unseren inneren Wertvorstellungen ausgerichtet einsetzen. Lassen wir an dieser Stelle auch nicht außer acht, daß wir ja ein Teil einer Gemeinschaft sind. Daß Veränderungen, die stattgefunden haben, oft gar nicht so positiv von unserer Umgebung aufgenommen wurden. Da verlieren doch auf einmal Menschen die Möglichkeit, einen einzelnen zu bedauern, zu pflegen, wiederaufzurichten. Wer sein Leben selbst in die Hand genommen hat, entmachtet diejenigen, die es bis **jetzt** in der Hand hatten. Wer sich das nicht bewußt vor Augen führt, wird immer wieder von der sogenannten Realität in seine alten Verhaltensmuster zurückgezogen werden. An unserer persönlichen Kraft liegt es also, wie wir mit unseren Lebensumständen umgehen; ob wir unser Schicksal als Herausforderung akzeptieren und freudig vorangehen, oder ob wir resignieren, uns selbst fallenlassen und irgendwelche anderen Menschen oder Dinge oder Umstände dafür verantwortlich machen.
Vergessen wir nicht, was wir uns im ersten Kapitel vorgenommen haben: Wir müssen uns jeden Tag in jedem Bereich unseres Lebens neu herausfordern; ständig wachsen und unsere Mitmenschen an unserem Wachstum Anteil nehmen lassen.

Das Gehirn denkt positiv

Dieser Abschnitt des Buches heißt „Kontrolle über Ihren Geist selbst übernehmen". Wenden wir uns also den Mechanismen zu, die in Ihrem und meinem Hirn tagein, tagaus ablaufen:
Da benützt zum Beispiel ein Computer eine sogenannte Programmiersprache,

die nach einem bestimmten Verarbeitungscode abläuft. Analog zu jedem Computer kann unser Hirn die kleinsten Einheiten der Gedanken entweder mit Information belegen oder ohne Information lassen.

Das bedeutet aber, daß unser Gehirn keine Möglichkeit hat, verneinende Gedankeninformationen zu verarbeiten oder zu speichern. Das führt natürlich das Schlagwort „denk positiv“ ein wenig ad absurdum, da es ja offensichtlich gar nicht möglich ist, verneinend zu denken.
Oder versuchen Sie einmal **jetzt, nicht** an ein Telefon zu denken. Sobald ein solcher Auftrag formuliert ist, macht sich unser Gehirn schon auf die Suche nach allen möglichen unterschiedlichen Abbildungen eines Telefons, um den Auftrag zu verstehen. Denn, vergleichbar mit der Musik, wo es nur entweder Klang oder Stille gibt, existiert eine bestimmte Information, oder sie ist gleich Null.
Wer sich also ständig vorsagt, „Ich will keinen Mißerfolg“, „Ich will keine Bauchschmerzen“, „Ich will nicht mehr rauchen“ – wonach, glauben Sie, wird dessen Hirn wohl suchen? Natürlich nach Mißerfolg, Bauchschmerzen und Rauchen.
Um auszuschließen, daß ungewollte Gedanken in Ihrem Kopf herumschwirren, müssen Sie sich aufraffen, diese durch bessere zu ersetzen. Wenn Sie nicht an ein Telefon denken wollen, können Sie ja zum Beispiel an ein Feuerzeug denken und ersetzen so die Information „Telefon“ gegen die Information „Feuerzeug“. Wenn Sie nicht mehr an Ihre Kopfschmerzen denken wollen, suchen Sie das Gefühl, wenn Ihr Kopf klar und frei ist, und schon ersetzen Sie Ihre Kopfschmerzen durch das Gefühl eines klaren und freien Kopfes.
Ihr Gehirn versteht alle Gedanken so, als ob sie positiv formuliert worden wären. Und hier schließt sich ein Kreis: Wer nur an Dinge denkt, die er nicht haben möchte, die er verhindern möchte, oder wer nur an die möglichen Probleme denkt, wird damit ausschließen, daß die erfreulichen Ergebnisse, daß sich Erinnerungen an Stärke, Freude und Selbstvertrauen in seinen Gedanken manifestieren und sein Denken (und damit sein Leben) bestimmen. Alle Ziele, alle Wünsche, alle Träume, alle Strategien müssen so formuliert sein, wie sie eintreffen sollen. Nur dann werden Sie erfolgreich sein.

Doch auch noch andere Besonderheiten unseres Gehirns gilt es zu berücksichtigen: Für unser Denken sind die Begriffe Zukunft und Vergangenheit zu abstrakt und daher unverständlich. Denken Sie an die Vergangenheit, dann holen Sie sich die Vergangenheit in das **Jetzt** und durchleben die erinnerte Situation **jetzt** noch einmal. Denken wir an die Zukunft, so übersetzt uns

das Gehirn, daß das zukünftige Ereignis im **Jetzt** noch nicht relevant ist. „Ich werde mich gut fühlen", bedeutet also für unser Gehirn: „Ich fühle mich **jetzt** schlecht." „Ich werde lernen", bedeutet, daß Sie **jetzt** etwas anderes machen. Somit ist auch das Geheimnis gelüftet, warum ich im Laufe dieses Buches dem Wort **„jetzt"** so große Bedeutung beigemessen habe; warum es so wichtig ist, daß Sie sich **jetzt** vorstellen, wie Sie sich fühlen, wenn Sie Ihr Traumziel erreicht haben.
Die Intensität der Vorstellung und die gewünschte Richtung manifestiert sich im **Jetzt** und **Hier**. Durchleben Sie **jetzt** die Freude, die Zufriedenheit, die Glückseligkeit, die Sie sich immer schon gewünscht haben, und Ihr Körper und Geist werden alles unternehmen, diese Vorstellungen so schnell wie möglich zu realisieren.

Jede intensive Vorstellung hat das Bestreben, sich zu verwirklichen.

Daß diese Vorstellung hauptsächlich bildhaft abläuft, ist kein Zufall, sondern liegt an der Struktur unserer Kultur. Wir stellen uns also die meisten unserer Tätigkeiten zunächst bildhaft vor, bevor wir sie ausführen.
Sie bezweifeln das? Gut, hier folgt der Beweis:
Stellen Sie sich aufrecht in die Mitte des Raumes, in dem Sie sich gerade befinden, und strecken Sie beide Arme nach vorne aus (siehe Abbildung 12). Fixieren Sie, über Ihre Arme blickend, den Punkt, der sich direkt vor Ihnen auf der Wand befindet. Jetzt drehen Sie Oberkörper und Arme langsam in eine Richtung, lassen aber die Füße fest auf dem Boden fixiert. Drehen Sie den Körper so weit Sie können, sagen wir nach rechts, ohne dabei Ihre Füße

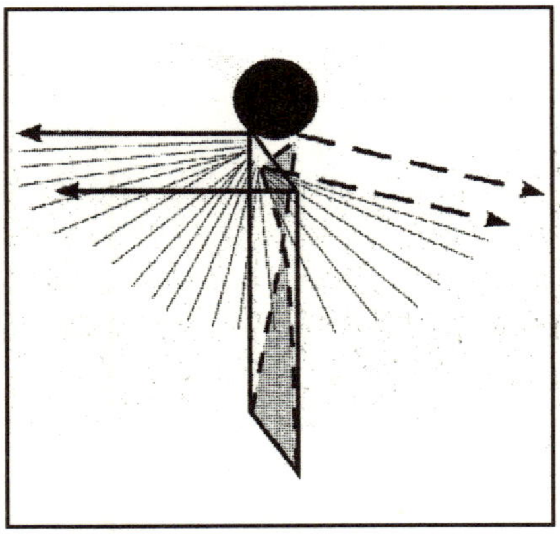

Abb. 12: Drehung des Oberkörpers und der Arme

zu verschieben. Wenn Sie den möglichen Endpunkt dieser Drehung erreicht haben, merken Sie sich den Punkt, auf den Ihre Arme jetzt zeigen.

Drehen Sie sich wieder zurück, entspannen Sie sich, und schließen Sie die Augen. Stellen Sie sich die Drehung, die Sie gerade ausgeführt haben, neuerlich vor. Visualisieren Sie sich selbst, wie Sie sich entspannt und locker weit über Ihre ursprüngliche Bestmarke hinausdrehen. Drehen Sie sich in Gedanken ganz herum!
Nachdem Sie sich diese „Meisterdrehung" real und eindrucksvoll vorgestellt haben, öffnen Sie wieder die Augen und führen die gleiche Drehung neuerlich in der Tat durch. Sie werden sehen, daß Sie sich diesmal deutlich weiter drehen konnten als beim ersten Versuch.
Ein ziemlich verblüffendes Ergebnis, nicht wahr?

Jeder intensive Gedanke hat das Bestreben, sich durch den Körper zu verwirklichen.

Offensichtlich ist es also nicht unser Körper, der das Ausmaß und die Qualität unserer Taten beschränkt, sondern nur unsere Vorstellung. Oder, um mit Walt Disney zu sprechen: „Was du träumen kannst, das kannst du auch tun!"

Unser Geist ist grenzenlos

Für unseren Geist gibt es weder zeitliche noch räumliche Beschränkungen. Beobachten Sie Kinder, oder erinnern Sie sich selbst an die Zeit, da Sie alles für möglich gehalten haben. Erst die Erziehung und die Schule haben uns beigebracht, wo unsere Grenzen zu liegen haben. Unser Geist ist so grenzenlos, daß er sogar diese „eingeschränkten Wirklichkeiten" in die Tat umsetzen und uns glauben machen kann, daß die Welt so sein muß.
Es steht Ihnen ab **jetzt** frei, Ihre Visionsfähigkeit zu trainieren. Lassen Sie keine Gelegenheit ungenützt, das Denkbild Ihrer eigenen Einzigartigkeit zu verbessern. Holen Sie sich die Fertigkeiten zurück, die Sie schon einmal beherrscht haben.
Verfeinern Sie Ihre Vorstellungsgabe.
Verfeinern Sie Ihre Phantasie.
Verfeinern Sie Ihre Kreativität.
Lernen Sie auch wieder präzise wahrzunehmen. Glauben Sie Ihrem alten Weltbild nicht mehr alles. Ihr Geist gaukelt Ihnen etwas vor. Ich beweise es Ihnen:

Blicken Sie kurz auf. Worauf fällt Ihr Blick gerade? Was genau sehen Sie da? Prägen Sie sich dieses Bild ein, und versuchen Sie, so viele Details wie möglich aufzunehmen.
Schließen Sie dann die Augen. Können Sie sich **genau** an alles erinnern, was da gerade vor Ihnen zum Beispiel auf dem Tisch gelegen ist? Ich meine, so richtig an alle Details erinnern. Nicht nur irgendwie, „ja, da steht ein Glas . . ." und so. Nein! Ganz präzise und detailliert sollen Sie sich an das Bild erinnern. Wie genau zum Beispiel sieht dieses Glas aus, wo genau steht es? Was liegt davor? Was liegt dahinter, daneben, und wie sehen all diese Dinge aus? Welche Winkel haben alle diese Sachen zueinander? Liegt dieses Buch so herum oder verkehrt . . .?
Öffnen Sie danach wieder die Augen, und vergleichen Sie Ihre Vorstellung mit dem tatsächlichen Bild vor Ihnen. Was haben Sie übersehen? Wie exakt war Ihre Vorstellung im Vergleich zur Wirklichkeit? Wiederholen Sie diesen Vorgang mit dem gleichen Bild so lange, bis Sie wirklich alle Einzelheiten bemerkt haben.
Das ist eine wirksame Übung, um Ihr „visuelles Musikinstrument" zu intonieren. Trainieren Sie, Ihre Umwelt präzise wahrzunehmen.

Wenn Sie Ihre Wahrnehmung verfeinert haben, beginnen Sie, Ihre Phantasie zu trainieren. Drehen Sie zum Beispiel an Ihrem Fernsehgerät den Ton ab, und folgen Sie, nur durch das Bild geleitet, dem Geschehen. Oder Sie drehen das Bild weg und folgen dem Geschehen nur über den Ton. Auch wenn das Ergebnis zunächst unbefriedigend erscheint, werden Sie bereits nach wenigen Versuchen erstaunliche Erfolge verbuchen können.
Verfeinern Sie Ihre Wahrnehmungen; in der Straßenbahn, im Kaffehaus, beim Anstellen in einem Kaufhaus – schließen Sie kurz Ihre Augen, und versuchen Sie, sich nur mit Hilfe Ihrer Ohren im Raum zu orientieren. Welche vorher unbemerkten Geräusche können Sie wahrnehmen? Welche Personen wirken akustisch näher, welche weiter entfernt? Welche Personen bewegen sich?
Achtung: Bitte probieren Sie diese Übung natürlich **nie**, wenn Sie einen Wagen lenken! (Sie sehen, diese negative Formulierung hat den einen oder anderen vielleicht erst auf die Idee gebracht, aber ich muß diese Warnung so dazuschreiben.)

Verfeinern Sie Ihre Vorstellungsgabe.
Verfeinern Sie Ihre Wahrnehmung.
Verfeinern Sie aber auch Ihre Kreativität. Auch hier möchte ich Ihnen eine Übung weitergeben, die ich meinem Seminar „Entfesselte Kreativität" entnommen habe:

Suchen Sie sich einen Partner oder eine Partnerin, mit dem/der Sie diese Übung durchführen wollen. Abwechselnd gibt immer jeweils einer ein Hauptwort an, zum Beispiel „Flasche“, und der andere nennt eine Tätigkeit, die man mit dieser Sache sicher nicht machen kann, zum Beispiel „schreiben“.
Im Seminar erkennen die Teilnehmer schon bald eine Entwicklung. War zunächst (um bei unserem Beispiel zu bleiben) „Flasche“ und „schreiben“ eine unmöglich zusammenpassende Kombination, würden diese Ergebnisse bald nicht mehr akzeptiert werden, weil sich im Lauf der Zeit immer mehr Denkmöglichkeiten auftun. Man kann ja mit einer Flasche zum Beispiel im Sand schreiben. Oder wenn die Flasche aus Schokolade wäre . . .
Verfeinern Sie Ihre Kreativität. Bleiben Sie dran, und vergessen Sie nicht:

Wiederholung führt zum Erfolg!

Sie erinnern sich sicherlich noch an Kapitel 4, in dem wir über die Wahrnehmungskanäle gesprochen haben. Unser Geist verarbeitet Informationen, die ihm durch Optik, Akustik und Gefühl vermittelt werden. Das zeigt sich natürlich nicht nur an unserer Sprache.
Jeder Gedanke, jede Wahrnehmung, einfach alles hat entweder optischen, akustischen oder gefühlsbetonten Charakter in unseren Köpfen. Wir denken also in Bildern, Klängen oder Gefühlen. Manchmal ist man sich dessen nicht bewußt, und oft höre ich von Menschen zum Beispiel: „Ich kann mir nichts bildhaft vorstellen.“ Ich antworte dann: „Gut, schließen Sie die Augen. Welche Farbe hat Ihre Krawatte?“
„Grün.“
„Woher wissen Sie das?“
„Ich hab’ sie mir vorgestellt.“
Wir verfügen also alle über etwas ganz Besonderes:

Innere Sinne

Sie sind es, die uns unsere Gedanken in die Sprache einer verständlichen Wahrnehmung übersetzen. Erinnern wir uns hier – nur der Vollständigkeit halber –, daß Gefühle immer intern ablaufen! Die Vorstellung einer ganz bestimmten Situation löst in unserem Körper eine Reaktion aus, die uns irgendwie glauben läßt, daß wir uns in dieser Situation **jetzt** befinden. Diese Erkenntnis kann uns gewaltig weiterhelfen.
Da wir ja bereits wissen, daß wir unsere Erinnerungen nach ganz bestimmten Bewertungskriterien gespeichert haben, wäre es doch einen Versuch wert,

herauszufinden, ob wir unterschiedliche Gefühle mit verschiedenen inneren Wahrnehmungen in Verbindung bringen können. Wir untersuchen also, ob wir uns an „schlechte" Situationen anders erinnern als an „gute", ob wir also andere innere Sinne zur Erinnerung heranziehen.
Lassen Sie es auf einen Versuch ankommen:
Lehnen Sie sich zurück, schließen Sie die Augen, und entspannen Sie sich. Offensichtlich haben Sie meiner Bitte nicht entsprochen, da Sie ja mit geschlossenen Augen nur schwer weiterlesen können. Darf ich Sie wirklich bitten, nach dem Lesen dieses Absatzes dieser Übung eine Chance zu geben.
Wenn Sie sich also zurückgelehnt und entspannt haben, suchen Sie sich die erfreulichste Erinnerung, die Ihnen im Moment einfällt. Eine Situation, wo eben alles gepaßt hat. Suchen Sie sich die stärkste und kräftigste Erinnerung an sich selbst; wenn möglich, eine Situation eines persönlichen Triumphes, in der Sie das Gefühl hatten, diese Welt gehört Ihnen (siehe Abbildung 13)! Versetzen Sie sich in diese Situation, und verbleiben Sie für ein paar Augenblicke darin. Machen Sie das bitte **jetzt**.

Abb. 13: Der positive Auslöser

Wer jetzt in einer ganz bestimmten glorreichen Situation war, wer in einer Situation war, in der er sich genau an die Umgebung, die Menschen, die

Stimmen und die Gefühle erinnern konnte, soll **jetzt** bitte diese Situation im Gedächtnis fixieren. Dies geschieht, indem Sie sich alle möglichen Details einprägen: Welches Wetter war, wie spät war es, wer hat was zu wem gesagt . . .?
Nennen wir diese Situation den „positiven Auslöser".
Als Kontrast dazu probieren Sie nach dem Lesen dieses Absatzes, das entgegengesetzte Extrem in Ihrer Erinnerung zu finden. Suchen Sie Ihre Erinnerungen nach der für Sie schlimmsten Niederlage ab. Suchen Sie eine Situation, in der Sie wirklich den Eindruck hatten, daß nichts mehr geht, wo Sie sich am Boden zerstört gefühlt haben und wo Sie vielleicht keinen Ausweg mehr wußten (siehe Abbildung 14).
Finden Sie eine solche Erinnerung bitte **jetzt**:

Abb. 14: Der negative Auslöser

Diese Erinnerung wollen wir nun den „negativen Auslöser" nennen.
So, wir haben jetzt zwei extreme, gegenständliche Gefühlszustände definiert. Gehen Sie bitte wieder zurück zu Ihrem positiven Auslöser. Steigen Sie wieder in die Situation ein, und verändern Sie in Ihrer Vorstellung die Helligkeit des Bildes. Machen Sie das Bild heller und dunkler.
Wird das positive Gefühl beeinflußt, wenn Sie da an der Helligkeit herumdrehen? Wenn ja, wird es stärker oder nimmt es ab, wenn das Bild heller wird?

Und was passiert, wenn Sie das Bild verdunkeln?
Bemerken Sie die Veränderungen des Gefühls, das mit den Veränderungen an der Helligkeit einhergeht.
Manipulieren Sie als nächstes zum Beispiel an den Farben.
Spielen Sie auch mit den Stimmen, die Sie hören. Machen Sie sie lauter und dann leiser. Höher und tiefer. Schneller und langsamer. Was hat dabei Einfluß auf das positive Gefühl, und wie wirkt sich dieser Einfluß aus?
Experimentieren Sie auch mit der Temperatur. Wird das positive Gefühl stärker, wenn Sie sich die Temperatur wärmer vorstellen?
Ich gebe Ihnen nun eine Liste einiger innerer Sinneswahrnehmungen. Versuchen Sie, wie ein Filmregisseur, der in seiner Produktion unterschiedlichste Gestaltungsmittel ausprobiert und einsetzt, jeden dieser Punkte mit Ihrem positiven Auslöser zu testen. Beobachten Sie aufmerksam, welche Punkte Ihr positives Gefühl verändern und auf welche Weise:

Optik

- *schwarzweiß* ❍
- *Farbe* ❍
- *bewegter Film* ❍
- *Standbild* ❍
- *Blick*
  - *Panoramablick* ❍
  - *mit Rahmen* ❍
  - *nach rechts* ❍
  - *in die Mitte* ❍
  - *nach links* ❍
  - *nach oben* ❍
  - *nach unten* ❍
- *Bild*
  - *größer als normal* ❍
  - *normal* ❍
  - *kleiner als normal* ❍
- *Bewegung*
  - *schnell* ❍
  - *normal* ❍
  - *langsam* ❍
- *Sie sind Betrachter* ❍
- *Sie erleben* ❍
- *Sie sehen räumlich* ❍
- *Sie sehen zweidimensional* ❍
- *Bild*
  - *scharf* ❍
  - *verschwommen* ❍
- *spezielle Farbe* ❍
- *Entfernung* ❍

Akustik

- *Stimmen*
  - *laut* ❍
  - *leise* ❍
- *Tonlage*
  - *hoch* ❍
  - *tief* ❍

innerer Dialog	❍	*unten*	❍
Tempo		*der Klang ist*	
rasch	❍	*harmonisch*	❍
langsam	❍	*dissonant*	❍
der Klang kommt von		*melodisch*	❍
vorne	❍	*rhythmisch*	❍
rechts	❍	*Dauer*	
links	❍	*lang*	❍
oben	❍	*kurz*	❍

Gefühl

Temperatur		*fühlen Sie*	
warm	❍	*Bewegung*	❍
mittel	❍	*keine Bewegung*	❍
kalt	❍	*Druck*	❍
Atmung		*fühlen Sie sich*	
schnell	❍	*entspannt*	❍
schwer	❍	*angespannt*	❍
entspannt	❍	*aufgeregt*	❍
Gewicht		*groß*	❍
schwer	❍	*klein*	❍
leicht	❍	*normal*	❍
normal	❍		

Sobald Sie Ihren positiven Auslöser über diese inneren Sinne getestet haben, werden Sie erkennen, daß manche Details eine sehr starke Auswirkung und eine positive Veränderung auf die Situation haben, während sich andere vielleicht weniger oder gar nicht auswirken.

Setzen Sie in der Liste hinter jeden Punkt, der für Ihr Glücksgefühl förderlich ist, ein X in das dafür vorgesehene Feld.

Wenden Sie sich jetzt Ihrem negativen Auslöser zu. Steigen Sie neuerlich in diese schlimme Situation ein, aber diesmal überlisten Sie sich selbst:

Haben Sie zum Beispiel Ihren positiven Auslöser in der Mitte Ihres Gesichtsfeldes visualisiert, der negative Auslöser befindet sich aber vielleicht optisch gesehen unter Ihnen, das heißt, Sie schauen auf dieses Bild herunter, dann heben Sie **jetzt** in Gedanken das Bild des negativen Auslösers in die Mitte Ihres Blickfeldes. Passen Sie also den Blickwinkel des negativen Auslösers an den Blickwinkel des positiven Auslösers an.

Haben Sie beim positiven Auslöser die Farbe Grün als besonders angenehm

empfunden, der negative Auslöser erscheint in Schwarz-Weiß, färben Sie diesen in ein freundliches, sattes Grün.
Überspielen Sie so alle inneren Sinne des positiven Auslösers in den negativen Auslöser, und etwas Unerwartetes wird geschehen:
Ihr Geist kann diese Situation nicht mehr negativ bewerten!
Indem Sie Ihre inneren Wahrnehmungskanäle verändert haben, haben Sie auch verändert, wie Sie über diese Situation gefühlt haben. Der Schrecken hat sich aufgelöst, und Sie können diese Situation in Ihrer Erinnerung zumindest neutral bewerten.
Bedenken Sie, daß niemand weiß, wie das Leben wirklich ist. Wir wissen nur, wie unsere inneren und äußeren Wahrnehmungskanäle für uns das Leben bewerten. Und auf die Wahrnehmungskanäle haben wir Einfluß!
Das bedeutet, daß wir auf unser eigenes Leben direkten Einfluß nehmen können.
Mit Hilfe dieser inneren Sinne können Sie aber auch geistige **Überblendungen** verankern:
Wenn zum Beispiel Ihr negativer Auslöser immer wieder und wieder in Ihrem Kopf herumgeistert, verfahren Sie wie folgt:
Versetzen Sie sich in die Situation dieses negativen Auslösers.
Sehen Sie dabei alles, was Sie sehen können.
Hören Sie dabei alles, was Sie hören können.
Fühlen Sie dabei alles, was Sie fühlen können.
Und dann ersetzen Sie diese ganze Situation durch einen starken positiven Auslöser.
Diese Überblendung sollte so verlaufen, wie Sie es vielleicht von Videoclips kennen. Da schießt vielleicht der positive Auslöser aus der Mitte des Bildes heraus und zerbricht die Vorstellung des negativen Auslösers. Verbinden Sie diesen visuellen Effekt mit einem eindrucksvollen „Zack!“ oder „Husch!“, welches Sie zur Verstärkung auch laut ausrufen können. Ihr Hirn bekommt dadurch die Information, die Überblendung in allen Bereichen **jetzt** durchzuführen.
Die Überblendung hat funktioniert, wenn Sie sich wirklich aktiv im positiven Auslöser befinden; wenn alle Ihre eigenen Sinne und Wahrnehmungskanäle Ihren Gefühlen erfreuliche Informationen liefern. Also nicht nur irgendwie an den positiven Auslöser denken, sondern ihn wirklich erleben!
Diesen Vorgang der Überblendung wiederholen Sie zehnmal hintereinander. Geben Sie jedesmal vollen emotionellen Einsatz! Immer wieder: negativer Auslöser – husch! – positives Gefühl; negativer Auslöser – husch! – positives Gefühl . . .
Danach wird es für Ihren Geist unmöglich sein, an den negativen Auslöser

zu denken, ohne automatisch in Ihren positiven Auslöser zu rutschen. Ist das noch nicht der Fall, wiederholen Sie die Übung weitere 25mal.
Welchen Wert diese Übung für Sie haben kann, wird ausschließlich davon abhängen, ob Sie sie anwenden oder nicht. Techniken haben leider eine unangenehme Eigenschaft: Sie funktionieren nicht dadurch, daß es sie gibt, sondern dadurch, daß man sie anwendet.
Probieren Sie deshalb bitte diese Übung aus, wenn Sie kleine Laster loswerden wollen, wenn Sie von unangenehmen Gedanken immer wieder und wieder heimgesucht werden und so fort.

Damit sind wir auch schon beim nächsten Punkt:
Wir befassen uns jetzt mit den Grundpfeilern, den Fundamenten, die unser Leben abstecken.
Nennen wir sie die

Wertvorstellungen

Jedesmal, wenn Menschen Entscheidungen treffen, gibt es etwas, das ihnen sagt, ob diese Entscheidung gut oder nicht gut war. Es handelt sich hier also quasi um unsere moralischen Leitschienen, zwischen denen sich unser gesamtes Sein abspielt.
Was ist zum Beispiel für Sie das wichtigste an einer Beziehung?
Ist es Liebe, Geborgenheit, ist es Mitleid oder Unterwerfung?
Oder was ist das für Sie wichtigste an einem Job? Ist es die finanzielle Sicherheit? Ist es die qualitative Herausforderung?
Was ist für Sie das wichtigste an einer qualitativen Herausforderung?
Ist es ein An-die-Grenzen-Gehen? Ist es, daß Sie dadurch etwas Besonderes für andere werden?
Was ist für Sie das wichtigste daran, daß Sie etwas Besonderes für andere sind? Ist es die Dankbarkeit, die Sie erhalten? Ist es Ihre eigene Dankbarkeit dem Schicksal gegenüber?
Was ist für Sie das wichtigste am Schicksal?
Was ist für Sie das wichtigste am Leben?

Sammeln Sie **jetzt** die für Sie wichtigsten Wertvorstellungen, indem Sie dem soeben aufgezeigten Beispiel folgen und sich die Frageserie stellen:
„Was ist mir am wichtigsten bei . . .?“
Zum Beispiel: „Was ist mir das wichtigste im Leben?“ Wenn die Antwort „Liebe“ lautet, heißt die nächste Frage: „Was ist mir das wichtigste an Liebe?“

Was ist das wichtigste an ....?

____

____

____

Was ist das wichtigste an ....?

____

____

____

Was ist das wichtigste an ....?

____

____

____

Betrachten Sie die Liste, die Sie soeben angefertigt haben. Ist sie in Ihren Augen vollständig oder fehlen noch einige wichtige Wertvorstellungen?
Haben Sie vielleicht Punkte übersehen, die eine Voraussetzung für einen anderen Punkt wären? Haben Sie zum Beispiel „Durchschlagskraft" aufgeschrieben, aber nicht an „Gesundheit" gedacht usw.
Vervollständigen Sie Ihre Liste nach diesen Gesichtspunkten.
So weit, so gut. Als nächstes untersuchen Sie Ihr Protokoll daraufhin, ob sich Wertvorstellungen inhaltlich widersprechen. Wenn Sie zum Beispiel sowohl „Sicherheit" als auch „Risikobereitschaft" notiert haben, sind Sie der typische Fall desjenigen, der sein Glück selbst sabotiert, da er oft und risikofreudig eine Sache beginnt, aber wenn es zur Umsetzung kommt, ihn das Sicherheitsdenken von der Realisierung abhält.
Wenn Sie einen solchen Widerspruch gefunden haben, muß eine der beiden Wertvorstellungen weg. Fragen Sie sich, für welche der beiden Sie sich

entscheiden würden, welche Sie vorziehen würden. Probieren Sie dieses Hinterfragen anhand konkreter Beispiele. Zum Beispiel: „Wenn ich meine letzten 100.000 Schilling investieren würde, was würde ich tun? Würde ich das Geld auf ein relativ sicheres Sparbuch legen (= Sicherheit), oder würde ich es in ein Risikoprojekt stecken und damit die Chance nützen, es zu vervielfachen (= Risikobereitschaft)?"

Untersuchen Sie Ihre Liste nach solchen Gegensätzen.

Bedenken Sie, daß Sie diese Entscheidungen, die Sie **jetzt** bewußt fällen, bereits millionenfach vorher unbewußt getroffen haben. Wenn Sie Wertvorstellungen haben, die miteinander im Widerspruch stehen, können Sie gar keine persönlich erfolgreiche Linie gehen.

Zu guter Letzt müssen Sie eine Hierarchie in Ihre Wertvorstellungen bringen. Das heißt, Sie fragen sich wieder, wie Sie sich entscheiden würden, wenn es zu einem Konflikt zunächst zwischen den beiden ersten Wertvorstellungen kommt. Sagen Sie jetzt nicht, beide seien gleich wichtig. Ihr Unbewußtes entscheidet sich unentwegt zwischen den verschiedenen Wertvorstellungen und zieht im Zweifelsfall die eine der anderen vor. Treffen Sie eine klare Entscheidung.

Haben Sie also „Liebe/Wärme" als einen Punkt und „finanzielle Sicherheit" als einen anderen, fragen Sie sich zum Beispiel: „Wenn ein Jobangebot käme, das finanziell unglaublich interessant erscheint, aber meine Beziehung gefährdet, würde ich es dann annehmen?"

Lautet ihre Antwort ja, steht „finanzielle Sicherheit" vor „Liebe/Wärme". Lautet sie nein, dann ziehen Sie „Liebe/Wärme" der „finanziellen Sicherheit" vor.

Wiegen Sie so alle Punkte gegeneinander ab, und schreiben Sie noch einmal Ihre Wertvorstellungen, nun in der richtigen Reihenfolge, zusammen:

Wertvorstellungen

1. ______________________________
2. ______________________________
3. ______________________________
4. ______________________________
5. ______________________________
6. ______________________________
7. ______________________________
8. ______________________________
9. ______________________________
10. ______________________________
11. ______________________________
12. ______________________________
13. ______________________________
14. ______________________________
15. ______________________________

Betrachten Sie Ihr Ergebnis. Das sind **Sie!** Das sind Ihre moralischen Grundpfeiler, das ist Ihr Wertesystem. Wenn Sie von **jetzt** an wichtige Entscheidungen treffen müssen, fragen Sie sich einfach, welches Ergebnis sich mit allen Ihren Wertvorstellungen in Einklang bringen läßt.
Wenn nur ein Punkt dabei ist, gegen den verstoßen wird, wird es genau dieser Punkt sein, der Sie à la longue vom Erreichen Ihres Zieles abhalten wird. Wie wir schon aufzeigen konnten: Motivation bedeutet zu wissen, **warum** man etwas tun soll.

Versuchen Sie sich deshalb bei allen Ihren Handlungen zu vergewissern, daß diese, sofern sie erfolgreich sein sollen, nach Ihren Wertvorstellungen ausgerichtet sind. Einen Punkt dürfen wir allerdings nicht übersehen. Es gibt natürlich auch

Verhinderungsmotivationen

Diese sind im Prinzip mit Wertvorstellungen gleichzusetzen, ihre Gefühlsrichtung ist jedoch diesen entgegengesetzt. Verhinderungsmotivationen betreffen all die Vorstellungen, gegen die Sie eintreten, also die Sie zu verhindern versuchen werden.
Ich spreche in diesem Zusammenhang von Dingen wie „Gewalt", „Demütigung", „Ungerechtigkeit" . . .
Tragen Sie hier alle Dinge zusammen, gegen die Sie sich stark machen würden:

Bringen Sie eine Hierachie in Ihre Verhinderungsmotivationen, und setzen Sie die geordnete Liste in Bezug zu Ihren Wertvorstellungen. Gibt es Punkte aus der Verhinderungsliste, für die Sie manche oder alle Wertvorstellungen vergessen würden?

Auch auf die Gefahr hin, daß Ihnen diese ganze Prozedur ein wenig theoretisch vorkommt – wir sprechen hier von exakt den Kräften, die Ihren Geist bei Entscheidungen leiten. Je bewußter Sie sich dieser Kräfte sind, desto klarere, dauerhaftere und erfreulichere Entscheidungen werden Sie treffen.

Zusammenfassung

- Es ist eine Frage der persönlichen Kraft, wie wir mit unseren Lebensumständen umgehen.
- Unser Gehirn kann nur positive Gedanken verarbeiten.
- Für unseren Geist gibt es nur ein **Jetzt** und **Hier**.
- Jede intensive Vorstellung hat das Bestreben, sich zu verwirklichen.
- Ihre Wahrnehmung, Vorstellungskraft und Ihre Kreativität können und müssen verfeinert werden.
- Ändert man die inneren Sinne eines Erinnerungsbildes, ändert sich auch das Gefühl und die Bewertung dieser Erinnerung.
- Wertvorstellungen stellen die Fundamente unserer Entscheidungen dar. Wenn wir sie kennen, wissen wir, **warum** wir eine Entscheidung treffen sollen.
- Wertvorstellungen können durch Verhinderungsmotivationen außer Kraft gesetzt werden.

Wir sind jetzt an einem Punkt angelangt, an dem Sie Ihre Gefühlsrichtungen, Ihren Geist und Ihre Lebensumstände kontrollieren können. Sie haben gelernt, wie Sie Ihre Aufmerksamkeit bündeln, wie Sie richtig Fragen stellen, wie Sie mit Ihrem Kredo, Ihren Harmonieregeln, Erinnerungen, Wertvorstellungen, mit Ihrer Gefühls-Software und Ihren inneren Sinnen umgehen. Jetzt wird es langsam Zeit, daß Sie . . .

8. Kontrolle über Ihren Körper selbst übernehmen

„Sie sprechen immer von persönlicher Kraft; aber schauen Sie mich an. Ich bin nicht mehr der Jüngste, ein paar Kilo weniger könnten nicht schaden, und überhaupt: Ich weiß nicht, ob ich kräftig genug sein kann."

Mademoiselle Pitou ließ sich mit der Antwort Zeit. Es schien, als wollte sie ihren Worten damit besondere Bedeutung beimessen.

„Nick, du weißt, daß ich nicht von körperlicher Kraft spreche. Dein Wollen und deine Absicht müssen mächtig sein. Was deinen Körper betrifft, ist er allerdings tatsächlich in einem miserablen Zustand. Um dieses Kunststück zu vollbringen, hast du hart arbeiten müssen. Es ist doch eigentlich absurd, daß du dich hättest mit gleichem Aufwand ebensogut vollkommen und stark machen können. Es liegt doch nur an dir selbst, ob du dich elend oder gesund machst. Der Aufwand bleibt stets derselbe."

„Entschuldigen Sie, aber das stimmt nicht. Unsere Gesellschaft zwingt uns alle in eine bestimmte Richtung . . ."

„Eine tolle Gesellschaft, die dich zwingt, mit 40 einen Herzinfarkt zu haben. Nein, so leicht kannst du es dir nicht machen. Als Wegbereiter hast du die Pflicht, dein Leben zu schützen. Wenn du dich natürlich als ein unsterbliches Wesen fühlst, das seinem Körper alle Qualen antun kann, darfst du dich nicht wundern, wenn sich dein Körper wehrt!

Dreh dich doch um und schau in die Runde. Auf dieser Welt gibt es keine Ewiglebenden. Allerdings fühlen sich manche besser als andere, solange sie auf dieser Erde wandeln. Du kannst so stark, so jung sein, wie du willst! Das hängt nur von deinen Entscheidungen ab.

Ein Wegbereiter geht deshalb mit seiner Kraft verantwortungsbewußt um. Es ist nicht nur die Frage, was du den ganzen Tag über tust, auch was du nicht tust, entscheidet über deinen Zustand. Vergeudest du nämlich deine Kraft, wirst du im Handumdrehen ein alter, fetter Mann sein.

Dein Körper ist ein Musikinstrument. Behandle und pflege es gut, und es wird strahlend und klar in der kosmischen Symphonie erklingen. Du brauchst dem Körper auch nichts zu versagen – das ist genauso schlecht.

Gib ihm alles, was er braucht, aber quäle ihn nicht mit Dingen, die er nicht brauchen kann, die ihm nur schaden."

Hassen Sie Ihren Körper?

Schauen Sie sich um; auf dem Markt gibt es wahrscheinlich vier Millionen Produkte, die Ihnen einen perfekten Körper versprechen.
Wer sich zum Beispiel das eine Buch kauft, bekommt darin klar und deutlich aufgeschlüsselt, welche Ernährungsweise richtig und welche falsch ist. Der Leser erfährt, daß er ewig leben wird, wenn er dies und das ißt. Wenn Sie in diesem Stadium den Fehler machen und sich ein zweites Buch zum Thema kaufen, erfahren Sie eindringlich, daß Sie, wenn Sie genau die im ersten Buch hochgelobten Lebensmittel essen, sofort sterben würden. Wenn Sie ewig leben wollen, müssen Sie natürlich ganz andere Dinge essen, steht dort geschrieben.
So geht es Ihnen dann mit jedem weiteren Buch. Alle Bücher haben irgendwelche Preise gewonnen und weisen auf unzählige Erfolge hin. Nur Sie als armer Konsument bleiben völlig verwirrt zurück.

Als ich vor ein paar Jahren, ich wog damals 92 Kilo, den Entschluß faßte, etwas Grundlegendes in meinem Leben zu ändern, dachte ich auch darüber nach, was es denn mit unserem Körper so auf sich hat. Ich stellte mir ein Programm zusammen, mit dessen Hilfe ich in etwas mehr als zwei Monaten 24 Kilo abnehmen konnte. Ich habe seither das Gewicht halten können und verfüge über weit mehr Energie, als ich je zu träumen gewagt hätte. Während ich früher mindestens neun Stunden Schlaf täglich benötigte und oft am Morgen trotzdem unausgeschlafen war, genügen heute oft drei bis vier Stunden pro Tag, und ich fühle mich trotzdem erfrischt und vollkommen leistungsfähig. Ich behielt das Ernährungskonzept bei und habe seither das Gefühl, in meinem Körper einen echten Verbündeten zu haben.
Wenn Sie gestatten, gebe ich Ihnen gerne einige meiner Gedanken an dieser Stelle weiter.

Unser Körper ist Anlaß und Ursache für so ziemlich alles, was wir in dieser Welt als gegeben annehmen. Beruf, Haus, Kleider, Sex, Krieg, all das würde es nicht geben, wären wir metaphysische, körperlose Gedankenwesen.
Wie kommt es dann aber, daß wir diesen Körper so stiefmütterlich behandeln? Die Antwort liegt klar auf der Hand: Wir hassen unseren Körper! Von Anfang an wurde uns beigebracht, ihn als Geheimnis zu behandeln. Ein nackter Körper ist gleichbedeutend mit Sünde, ist schmutzig, schuldig, irgendwie verboten . . . – und natürlich haben Sie es geglaubt (ich übrigens auch), denn

unsere Gesellschaft kann mit nackten Körpern – mit nacktem Leben – nicht umgehen. Nicht bei der Geburt, nicht beim Tod, nicht beim Essen und nicht beim Gegenteil ... Nackte Körper sind in unserer Gesellschaft irgendwie schlecht, und schon wenn wir uns beim Arzt frei machen müssen, ist uns das unangenehm.

So haben wir also gelernt, unsere und andere Körper zu verstecken – und zwar nicht nur vor unseren Blicken, sondern auch vor unserer Aufmerksamkeit. Das Problem ist nur: Unsere Körper wollen das nicht. Sie sind ein Teil von uns. Sie wollen auch Aufmerksamkeit. Und wie übergangene Kinder sich in den Vordergrund spielen und Probleme bereiten, so erzwingen auch unsere Körper Zuwendung: Sie werden krank, sie werden abhängig, süchtig auf Drogen, Alkohol, Essen. Und eigentlich schreien sie nur: „Heee, ich bin auch noch da!"

Haben wir diese Schreie lange genug ignoriert, indem wir weitere, größere Gewänder angezogen haben, weniger oft in den Spiegel geschaut haben etc. sind **wir** schließlich in Schwierigkeiten ...

Manchmal ist dann unser Körper so verformt (ich meine zum Beispiel übergewichtig), daß man wirklich eine Menge Phantasie braucht, um sich selbst in der eigenen Erscheinung zu erkennen (ich spreche da aus eigener Erfahrung).

Nun, wie auch immer Ihr Körper aussieht, **er ist ein menschlicher Körper** (ich denke, das läßt sich verallgemeinern). Er hat genug Kraft, um sich, wenn nötig, zu regenerieren, und er wird Ihnen dienen, sobald Sie ihm die Erlaubnis dazu geben.

Schauen Sie sich einmal die große Illustration (Abbildung 15) an. Diese Maschine ist nach dem Modell unseres Körpers entworfen und macht die Funktionsweise ziemlich deutlich. Da haben wir die Daten-Empfangszentrale am oberen Ende. Beachten Sie bitte all die Kameras, Mikrophone, das Radar, die Stabilisatoren, Luftprüfungsdetektoren ...

Diese Unmengen verschiedener wahrgenommener Daten werden im Computersystem (gleich darunter) gespeichert und aufbereitet.

Beachten Sie bitte auch die große Pumpe, die Sauerstoffversorgung für den Verbrennungsmotor (rechts im Bild). Der zentrale Motor, der ein hydraulisches Kommunikationsnetz betreibt, liegt direkt über dem Filtersystem.

Alle Einzelteile sind untereinander vernetzt und werden vom Computer aus gesteuert. Das heißt: In dieser Maschine geschieht nichts, ohne daß der Computer die Erlaubnis dazu gibt. Wenn es uns also gelingt, den Computer zu beeinflussen, unbrauchbare Programmierungen durch funktionierende zu ersetzen und eine klare, positive Zielvorstellung einzuprogrammieren – dann haben wir gewonnen.

Abb. 15: Der menschliche Körper

Probieren Sie doch einmal dazu:

Eine verblüffende Übung

Hier beschreibe ich Ihnen eine sehr wichtige Übung, die Ihnen zeigt, mit wem Sie es bei Ihrem Körper zu tun haben:
Erübrigen Sie jeden Tag ein paar Minuten, um Ihre Kleider abzulegen und sich völlig nackt vor einen Spiegel zu stellen. Ich weiß, zu Beginn kommt man sich ziemlich blöd vor, aber vertrauen Sie mir, das wird Sie verändern. Schalten Sie alle verfügbaren Lichter ein, und bewegen Sie jetzt Ihren Körper, während Sie ihn im Spiegel betrachten. Seien Sie dankbar, daß Ihr Körper soviel Gift und Mißbrauch in der Vergangenheit ausgehalten hat. Versprechen

Sie Ihrem Körper auch, daß Sie ihm in Zukunft mit ganzer Kraft und Leidenschaft helfen werden, gesund, stark und fit zu sein. Sagen Sie Ihrem Körper, während Sie da vor dem Spiegel tanzen, daß Sie ihn wirklich gern haben, und stellen Sie sich selbst in perfekter Kondition vor. Stellen Sie sich die Freude vor und wie stolz Sie sein werden, wenn Sie Ihr Ziel erreicht haben! Versprechen Sie Ihrem Körper, alles zu tun, um dieses Ziel zu erreichen. Wenn Sie das Gefühl haben, daß Ihnen Ihr Körper auch sagt, daß er Sie liebt – dann ist das absolut normal und erlaubt.

Die Maschine Mensch

Der reibungslose Ablauf der Maschine Mensch ist nur möglich, wenn Assimilation, Ausscheidung, Kreislauf und Ruhe gewährleistet sind.
Aber alles der Reihe nach:

1. Assimilation
Das ist das Aufnehmen körperfremder Stoffe sowie die Verwandlung dieser in körpereigene. Welche Rolle hier Gedanken spielen, wie sie unserem Körper nützen und schaden, wird ja an anderer Stelle in diesem Buch ausführlich behandelt. Assimilation kann aber zusätzlich durch folgende Punkte positiv beeinflußt werden:

Atmung
Es gibt kein Organ, keine Körperfunktion und keine Körpereigenschaft, die mehr mit dem Leben zusammenhängt als unsere Atmung.
Sie können wochenlang auf Nahrung verzichten. Sie überleben auch ein paar Tage, ohne Flüssigkeit zu sich zu nehmen, aber Sie werden keine fünf Minuten überleben, ohne zu atmen.
Die Atmung drückt Ihre Stimmung aus, sie reagiert auf Ihre körperliche Konstitution, sie bestimmt Ihre Ausdrucksweise – sie hängt mit allem, was das Leben ausmacht, in irgendeiner Weise zusammen.
Beobachten Sie Ihre Atmung, und Sie werden bemerken, daß sie sich automatisch an Ihr Verhalten anpaßt. Ja sogar Ihre Emotionen sind sofort an Ihrer Atmung abzulesen. Oder versuchen Sie einmal, Wut oder Ärger auszudrücken (oder auch nur zu empfinden) und dabei ganz entspannt und ruhig durchzuatmen. Andererseits wird es Ihnen nicht gelingen, sich hechelnd zu entspannen.
Beobachten Sie zum Beispiel genau jetzt, während Sie diese Zeilen lesen, was sich da in Ihrer Atmung tut. Wechseln Sie vielleicht Ihre Körperhaltung (zum

Beispiel stellen Sie sich nur auf ein Bein), und Sie werden sehen, daß Ihre Atmung sofort leichte Veränderungen bzw. Adaptionsprozesse zeigen wird.
Nun leben wir jedoch in einer gestreßten Welt. Streß ist, rein körperlich gesehen, mit Angst gleichzusetzen. Diese Art von Angst gibt allerdings nur in unseren Köpfen Sinn. Es ist sozusagen eine konstruierte, theoretische Angst. Unser Körper bekommt jedoch in einer Streßsituation einen vom Gehirn absolut praktischen Befehl, in Kampfbereitschaft zu gehen.
Nun war es genau diese Angst, die unseren primitiven Vorfahren das Leben sicherte. In einer Gefahrensituation alarmierte die Wahrnehmung den Körper, und dieser reagierte sofort, indem er sich mit aller verfügbaren Energie auflud. Da wurde dann entweder laut geschrien (um den Gegner einzuschüchtern) oder zugeschlagen. Waren die Gegner in der Überzahl (oder viel stärker), drehte sich unser Vorfahre um und rannte davon, so schnell er konnte (nicht schneller). Und alle diese Aktionen bewirkten im Körper eine rasche, kräftige Entladung der Energie, die mit Hilfe der Atmung abgeflutet werden konnte.
Es gab allerdings noch eine andere Möglichkeit, wie der Körper die angestaute Energie wieder loswerden konnte. Das dauerte zwar länger, war aber in vielen Fällen ziemlich lebensrettend – und zwar war das das Sichtotstellen.
Auch dabei war der Atem das Barometer. Der Mensch ging in eine Trance, verhielt sich ruhig und versuchte ganz einfach, den Feind nicht wahrzunehmen. In der Zwischenzeit hatte der Atem Gelegenheit, die Energie langsam über immer ruhiger werdende Atemzüge abzubauen.

Viel Zeit ist inzwischen vergangen, und trotzdem, unser Körper reagiert noch immer gleich! Bei Gefahr (oder bei dem, was das Gehirn für Gefahr hält) geht der Körper in Gefechtsposition. Er lädt sich mit aller verfügbaren Kampfenergie auf – **nur** – wie soll er sie heute wieder loswerden?
Es sähe doch eindeutig nicht gut aus, wenn Sie Ihren Chef ständig anbrüllten. Auch tätliche Angriffe gegenüber Vorgesetzten sind bei uns verpönt. Flucht bringt Sie Ihrem Ziel auch meist nicht näher. Bleibt noch Totstellen, aber dann werden Sie auf der Karriereleiter sicher nicht mehr höher klettern.
Es drängt sich der Eindruck auf, daß wir auf unserer Streßenergie einfach sitzenbleiben. Mit anderen Worten: Wir unterdrücken mit Hilfe der Atmung eine Entladung, um einfach etwas weniger unangenehm aufzufallen.
Ein Teufelskreis: Ihr Organismus fühlt sich in die Enge getrieben – er darf diesem Gefühl keinen Ausdruck verleihen – das läßt Sie die Situation noch unangenehmer empfinden – Sie fühlen sich machtlos – das stellt für Ihren Organismus eine Gefahr dar – Sie reagieren mit innerlichem Großalarm – und so weiter und so fort . . .
Eigentlich eine fast ausweglose Situation! Denn wer sich seiner eigenen

Aggressionen nicht bewußt wird, sie leugnet oder nicht zulassen darf (aus ethischen, religiösen, gesellschaftlichen oder welchen Gründen auch immer), schlittert mit der Zeit in ein arges Dilemma. Das organische Gleichgewicht ist völlig gestört!
Nun sollten Sie nur noch wissen, daß ein solcher Streß- bzw. Alarmzustand direkt und sofort bewirkt, daß sämtliche Verdauungsprozesse gestoppt werden, daß Blut von Magen und Darm abgezogen wird (um verstärkt Muskeln und Gehirn zugeführt zu werden), was die Misere perfekt macht. Sie fahren mit Ihrer Körpermaschine Vollgas, ohne einen Gang eingelegt zu haben.
Und wie beim Auto haben Sie auch bei Ihrem Körper mit Pannen zu rechnen. Nicht nur, daß sich normale Abnützungserscheinungen viel früher bemerkbar machen, ist Ihnen die Verschmutzung, Verkarstung bzw. Anlagerung von Schlieren und Schlacken sicher.

Dieser Tatsache sollten Sie sich bewußt werden! Ihr Atem ist Ihr einziger und stärkster Verbündeter, um genau diesen Teufelskreis zu durchbrechen.
Werden Sie sich Ihrer Atmung bewußt, so oft Sie können. Werden Sie sich bewußt, wie sehr Sie ihr vertrauen, ja eigentlich vertrauen müssen; wie tapfer Ihr Atem trotz aller zivilisationstechnischer Behinderungen versucht, Sie zu unterstützen und eine einigermaßen reibungslose Betriebssituation zu gewährleisten.
Unterstützen Sie bitte Ihren Atem, so oft und so gut Sie können, indem Sie tiefe und gleichmäßige Atemzüge machen. Stellen Sie sich bei jedem Einatmen vor, daß Sie frische, aktive Energie in Ihren Körper aufnehmen, daß Sie jede einzelne Zelle mit frischer, aktiver Energie aufladen und daß Sie beim Ausatmen all die Schadstoffe aus Ihrem Körper strömen lassen können, die Sie ganz einfach nicht mehr wollen.
Wo immer Sie sich gerade befinden, und wann immer dieser Zeitpunkt sein mag (zum Beispiel in einem Büro um 11.23 Uhr oder auf der Straße um 17.04 Uhr), denken Sie an Ihre Atmung! Beobachten Sie sie nur, und empfinden Sie ein gewisses Gefühl der Dankbarkeit darüber, daß Sie Ihre Atmung nicht im Stich läßt!
Und noch etwas: Ihr Atem kontrolliert auch den Strom der sogenannten Lymphe. Diese Gewebsflüssigkeit enthält weiße Blutkörperchen und hat die Aufgabe, den Stoffaustausch zwischen Blut und den Zellen, die von den Blutkapillaren nicht unmittelbar erreicht werden, zu vermitteln, also tote Zellen und Giftstoffe abzutransportieren.
Sie haben ca. viermal soviel Lymphflüssigkeit wie Blut. Die einzige Möglichkeit, den Lymphstrom zu beschleunigen, ist durch tiefe Atmung oder Muskelbewegung.

Bewußte, tiefe Atmung ist also für den Entgiftungsprozeß des Körpers unbedingt notwendig.
Wir werden unsere Gesellschaft nicht so schnell verändern können, aber wir müssen unserem Körper helfen, die katastrophalen Alltagsbelastungen besser zu bewältigen!

Essen Sie wasserreiche Nahrungsmittel!
Drei Viertel unseres Planeten sind mit Wasser bedeckt. Vier Fünftel unseres Körpers bestehen aus Wasser. Wenn wir unserem Körper nicht genug wasserreiche Nahrung zuführen, trocknen wir ihn systematisch aus!
Es hat auch wenig Sinn, statt wasserreiche Nahrung zu essen, literweise Flüssigkeit zu trinken. Sicher, Flüssigkeit ist sehr wichtig, aber der Körper versteht den Wassergehalt in der Nahrung anders als getrunkene Flüssigkeit und kann ihn besser nützen.
Wasserhältige Nahrungsmittel sind: Gemüse, Früchte und Keimlinge. Ich selbst habe meine Nahrung so umgestellt, daß ich ca. drei Viertel meiner täglichen Nahrung aus Rohkost bestehen lasse. Aber auch die

Kombination der Nahrungsmittel
ist von großer Bedeutung. Sie beeinflußt direkt den Energiehaushalt unseres Körpers, da die Nahrungsverbrennung ja grundsätzlich auf chemischen Reaktionen beruht. Hier spreche ich das oft zitierte Säure-Basen-Gleichgewicht an.
Manche Nahrungsmittel lösen in unserem Körper eine saure Reaktion aus. Das sind:
- tierische Fette
- Getreidekörner
- stärke- und eiweißreiche Nahrungsmittel
- Nüsse
- Hülsenfrüchte
- Fleisch
- Eiweiß

Andere Nahrungsmittel lösen eine alkalische Reaktion aus:
- fast alle Früchte, frisch oder getrocknet
- fast alle Gemüsesorten, frisch oder getrocknet
- Milchprodukte in jeder Form

Diese Aufzählung ist bewußt allgemein gehalten, da jeder Mensch auf gewisse Lebensmittel individuelle Eigenheiten, sogenannte Intoleranzen entwickeln kann. Viele Allergieambulanzen führen einen sogenannten Intoleranzentest durch. Dabei wird das Blut einer Person auf ca. 150 Lebensmittel getestet.

So kann die individuelle Reaktion des Körpers auf das jeweilige Lebensmittel aufgezeigt werden.
Um eine Übersäuerung und eine entsprechend saure Reaktion zu vermeiden, sollte der Körper in einem Verhältnis 4 : 1 alkalisch ernährt werden.

Die aufgenommene Menge kontrollieren
In unserem Kulturkreis wird viel zuviel gegessen! Verschiedene Untersuchungen beweisen: Wer das Leben eines Lebewesens verlängern möchte, muß dessen Nahrungsmenge verringern.
Eine solche Studie möchte ich hervorheben: Sie wurde an der Universität von Texas von Dr. Edward J. Masaro an drei verschiedenen Versuchsgruppen – Ratten – durchgeführt. Die erste Gruppe bekam soviel zu fressen, wie die Ratten wollten. Die zweite Gruppe bekam weniger als die Hälfte der ersten Gruppe zu fressen. Die dritte Gruppe durfte wieder nach Bedarf fressen, nur wurde der Proteingehalt der Nahrung auf die Hälfte reduziert.
Raten Sie einmal, was passiert ist. Nach zweieinhalb Jahren waren von der ersten Gruppe noch 13 Prozent der Tiere am Leben. Von der zweiten Gruppe mit weniger als der Hälfte Nahrungsmenge waren noch 97 Prozent der Tiere am Leben. Und von der dritten Gruppe, die die gleiche Menge wie die erste, aber den halben Proteingehalt bekommen hatte, lebten noch 50 Prozent.
Die Botschaft ist eindeutig: Essen wir weniger, so leben wir länger, gesünder und besser.
Wenn Sie allerdings auf gar keinen Fall weniger essen wollen, gehen Sie zumindest sicher, daß Sie genügend wasserreiche Nahrungsmittel zu sich nehmen.

Essen Sie Früchte vor den Mahlzeiten
Auch dafür gibt es eine einfache, logische Erklärung: Früchte werden grundsätzlich nicht im Magen verdaut, sondern im Dünndarm, wo auch ihre Nährstoffe absorbiert werden. Wenn nun im Magen bereits ein dickes Schnitzel mit Pommes frites liegt, sind die Früchte gefangen und beginnen im Magen zu faulen.
Zusammenfassend können wir also sagen, daß Sie Ihrem Körper nur dann Gutes tun, wenn Sie ihm das zuführen, was er braucht, um stark und gesund zu sein.

2. Ausscheidung
Wir haben bereits von unserem Körper als einem Verbrennungsmotor gesprochen. Sowohl die Verbrennung selbst als auch das Umwandeln der gewonnenen Energie in Leistung bildet Rückstände und Schlacken.

Überlegen Sie einmal: Jedes Augenzwinkern, jede kleinste Fingerbewegung, ja sogar jeder Gedanke verbraucht Energie und hinterläßt eine kleine Menge Verbrennungsrückstände.
Achten Sie darauf, daß jede Möglichkeit, diese Schlacken und Rückstände wieder loszuwerden, auch genützt wird.
Deshalb ist es wichtig, daß Sie genügend Ballaststoffe zu sich nehmen und viel Flüssigkeit trinken.
Bewegen Sie Ihren Körper so, daß Sie jeden Tag mindestens einmal wirklich ins Schwitzen kommen (das ist wörtlich gemeint). So werden Sie den Ausscheidungs- und Reinigungsprozeß auf natürliche Weise in Gang halten (siehe Lymphflüssigkeit). Und bitte atmen Sie bewußt.

3. Kreislauf

Unser Körper ist ein kybernetisches System. Das bedeutet, alles hängt irgendwie zusammen und beeinflußt sich gegenseitig. Denken Sie zum Beispiel daran, daß exakt das gleiche Blut durch Ihren Kopf fließt, das Ihre Fußmuskulatur mit Sauerstoff versorgt.
Aber auch die Nahrungsaufnahme selbst sollte dem Nahrungskreislauf folgen:
Essen Sie daher hauptsächlich Lebensmittel, die Ihr Körper als Nahrung erkennt. Leider gibt es eine Fülle von Nahrungsmitteln, die schon so weit von einem natürlichen Kreislauf entfernt sind, daß der Körper die Bedeutung und den Nährwert der Speisen nicht mehr verstehen kann. Wenn Sie etwa viele verfeinerte Kohlehydrate-Produkte essen (Nudeln, Weißmehl, Süßigkeiten . . .), bedenken Sie, daß Ihr natürlicher Erkennungsdienst nicht funktioniert. Deshalb bereitet zuviel Schokoladetorte Probleme – der Körper versteht nicht, was er da bekommt. Beenden Sie eine solche Mahlzeit, schon bevor Sie satt sind.

4. Ruhe

Geben Sie den Batterien des Körpers Gelegenheit, sich wieder neu aufzuladen. Das heißt, wenn Sie spät am Abend noch ein schwer verdauliches Mahl zu sich nehmen und danach gleich schlafen gehen, wird sich wahrscheinlich Ihr Geist regenerieren können, aber Ihr Körper arbeitet auf Hochtouren, um die ihm zugeführten Nahrungsmengen zu verbrennen.
Gönnen Sie Ihrem Körper die Ruhe, die er dringend benötigt. Zur geistigen Ruhe erfahren Sie im 11. Kapitel einiges. Zur körperlichen Ruhe müssen Sie Ihrem Körper verhelfen, indem Sie auch mit Ihren Eßgewohnheiten auf Erholungsphasen Rücksicht nehmen, die Ihrem ganzen Körper zugute kommen.

Die Kunst des Essens – kinderleicht!*

Essen Sie langsam – Die Hormone, die Ihren Computer informieren, daß Nahrungsaufnahme stattgefunden hat, brauchen ungefähr eine Viertelstunde. Wenn Sie Ihre Mahlzeit innerhalb von vier Minuten beendet haben, sind Sie immer noch hungrig, auch wenn Sie eigentlich schon genug haben.

Durchbrechen Sie den Nachkriegszwang – Wir haben immer gehört: „Es darf nichts übrigbleiben." Der Krieg ist 50 Jahre vorbei, aber diese schlechte Gewohnheit führt immer noch dazu, daß wir Essen nicht stehenlassen können, selbst wenn wir gar nicht hungrig sind. Um sich diese Eigenschaft abzugewöhnen, lassen Sie jedesmal zumindest eine Kleinigkeit auf dem Teller zurück.
Beginnen Sie vielleicht nur mit einem kleinem Salatblatt, steigern Sie dann die Menge, und wechseln Sie auch zu Dingen, die Sie sehr gerne essen. Sie werden sehen, nach kurzer Zeit können Sie aufhören, wenn Sie genug haben.

Denken Sie richtig – Wenn Sie bei jedem Bissen, den Sie essen, Angst haben, fett zu werden, dann werden Sie auch fett werden.
Visualisieren Sie sich deshalb selbst **vor** jeder Mahlzeit jung, stark, schlank, fit – also exakt, wie Sie sein wollen. Fangen Sie nicht zu essen an, bevor Sie sich nicht genau so **fühlen!** Werden Sie sich Ihrer Sitzhaltung, Ihres Gesichtsausdrucks, Ihrer Emotionen bewußt; wie atmen Sie, wie bewegen Sie sich, und wie essen Sie, wenn Sie in perfekter Kondition sind?
Das ist ein sehr, sehr wichtiger Punkt: Wenn Sie sich wirklich wie ein Gewinner **fühlen** können, der alle Probleme bereits gelöst hat, dann essen Sie richtiger und weniger, und dieses Gefühl wird Ihnen helfen, Ihre Ziele viel schneller zu erreichen.

Wenn Sie nicht hungrig sind – essen Sie nicht! Dazu gibt es nichts hinzuzufügen.

* Entnommen dem Audiokassettenprogramm „Im Schlaf abnehmen" von Pat Leonhard, erschienen im Europäischen Forum für Psychoakustik.

Zusammenfassung

- Der Körper ist Anlaß und Ursache für alles, was auf dieser Welt als gegeben gilt.
- Sie müssen Ihren Körper persönlich kennenlernen, wenn Sie Kontrolle über ihn übernehmen wollen.
- Die Funktion der Maschine Mensch verläuft auf vier Ebenen:
  1. Assimilation
  2. Ausscheidung
  3. Kreislauf
  4. Ruhe

Gratuliere! Sie sind noch dabei. Dann wenden wir uns doch gleich der Kraft zu, die entscheidet, ob Sie Ihre Pläne und Vorsätze verwirklichen oder nicht. Ich zeige Ihnen, wie Sie . . .

9. Kontrolle über Ihre persönliche Kraft selbst übernehmen

Nick Dolphin fühlte sich auf einmal elendiglich. Alle guten Vorsätze zogen vor seinem inneren Auge vorbei, dicht gefolgt von diesen völlig phantasielosen Ausreden.
„Mademoiselle Pitou, ich schaffe das alles nicht!“ begann er neuerlich zu jammern. „Hier mag ja alles recht logisch erscheinen, aber dort draußen, da paßt das nicht! Wir sind nun einfach verschieden, und diese Entscheidungen kann ich nicht treffen. Und selbst wenn ich sie treffen würde, käme am Schluß jemand und vernichtet den ganzen schönen Traum. Ich glaube, ich gebe auf. Ich möchte mir keinen Weg mehr bereiten.“
„Okay, Nick, du gibst auf . . .“, antwortete Mademoiselle Pitou ruhig, „. . . und jetzt?“
„Was jetzt?“
„Was hat das für Auswirkungen, daß du aufgegeben hast?“
„Äh, viele! Zum Beispiel, daß – äh – na ja, ich kümmere mich nicht mehr darum, wo mein Weg ist.“
„Das ist ja keine Neuigkeit. Du hast dich ja vorher auch nicht darum gekümmert, und da hattest du noch nicht aufgegeben.“
„Äh, ja schon, irgendwie haben Sie ja recht. Aber jetzt hab' ich eben aufgegeben . . .“
„Das sagtest du bereits. Aber was passiert jetzt?“
„Das werden wir ja bald sehen.“
„Bitte, warten wir es ab.“
„Also gut, wir warten . . .“

Pause

„Nick, wie lange warten wir noch?“
„Ich, hühh, na ja, ein bißchen noch.“
„Ist recht, Nick.“

Pause

„Und jetzt, Nick?“
„Ach, ich weiß auch nicht! Woher soll denn ich wissen, was passiert?“
„**Du** hast ja aufgegeben. Du wirst dir ja irgend etwas dabei gedacht haben.“

„Nein, das habe ich nicht. Außerdem geht mir das Ganze gehörig auf die Nerven. Das ist ja widerlich. Nicht einmal aufgeben kann man hier."
„Natürlich kannst du das, Nick! Du kannst alles, wirklich alles tun, solange du bereit bist, mit den Konsequenzen deines Tuns zu leben."

Ihr Potential

Wie wir ja bereits aufzeigen konnten, besteht ein direkter Zusammenhang zwischen akustischen Gesetzmäßigkeiten und den Kräften, die unser Leben bestimmen. Es soll daher nicht verwunderlich erscheinen, wenn wir den Klang als solchen einmal näher betrachten.
Was wir als Klang wahrnehmen, ist nicht die Welle oder Frequenz selbst, sondern das Verhalten des Materials, welches durch die Welle in Schwingung versetzt wurde. In diesem Zusammenhang haben wir auch von Resonanz gesprochen. Nun muß jedes Material gewisse Voraussetzungen erfüllen, um als Resonanzkörper in Frage zu kommen.
Da muß die Struktur der erzeugten Wellen mit dem Material genauso zusammenpassen wie das mögliche Schwingungsverhalten mit dem Medium, in dem sich die Welle fortpflanzt. Möglich, daß der schönste Klang ungehört verklingt, weil niemand da war, der ihn empfangen hätte. Wenn die Ausgangswelle nicht konstant genug ist, wird das noch so passende Material keine klaren Töne produzieren können, und ohne eine gewisse Tondauer wird man schwer von Klängen sprechen können.
Wer einen schönen Ton produzieren will, wird automatisch:
- sich dazu entscheiden,
- die erforderlichen Möglichkeiten schaffen,
- eventuelle Hindernisse beseitigen,
- auf den Zustand des Instruments achten,
- darauf achten, daß der Klang gehört werden kann,
- achten, daß kein Schaden entsteht,
- die entsprechende Zeit investieren.

Bei uns Menschen ist das genauso, wenn wir etwas erreichen wollen. Da ist es absolut unumgänglich, daß wir uns bewußt für eine Veränderung entscheiden. Wenn wir nicht lernen, unsere Emotionen, unseren Körper und unsere Denkgewohnheiten zu kontrollieren, werden die Resultate unserer Veränderungen ein Zufallsprodukt bleiben. Natürlich werden unsere Aktivitäten auch davon beeinflußt, wie wir unsere Beziehungen leben, wie wir unsere finanzielle Situation meistern und wie wir mit der Zeit umgehen. Offensichtlich existieren auffallende Parallelen zwischen akustischen Phänomenen und jedem menschlichen Verhalten im Bereich der sogenannten **persönlichen Kraft**.

Unter persönlicher Kraft verstehe ich die Bereitschaft, Pläne in die Tat umzusetzen. Sie erkennen bereits, daß wir hier nicht von Kreativität, Ideenreichtum oder Bildung sprechen, sondern ausschließlich von einer Eigenschaft, die bei manchen Menschen besser, bei manchen weniger gut ausgeprägt ist – die Bereitschaft, aktiv zu werden.

Diese persönliche Kraft schlummert in jedem von uns, und in der Tat kommen viele Menschen ohne diese Kraft aus. Zumindest glauben sie das. Natürlich, schön wäre es schon, wenn man vielleicht da und dort etwas verändern könnte. Zumindest ein bißchen erfolgreicher wäre. Aber da käme man ja erst recht in Teufels Küche. Da müßte man auf einmal Erfolg definieren. Und, lachen Sie nicht, so einfach ist das gar nicht. Haben Sie sich wirklich schon überlegt, wozu Sie die neuen Möglichkeiten aus diesem Buch nützen werden? In meinen Seminaren schauen mich spätestens an diesem Punkt die Teilnehmer so an, als wollten sie sagen: „Halt! Ob ich irgend etwas anwende oder nicht, ist ganz bestimmt nicht Ihr Problem." – Ist es doch! Wir wollen doch gemeinsam etwas bewirken, und ich garantiere Ihnen, wenn Sie nur einige der Übungen aus diesem Buch wirklich regelmäßig durchführen, werden Sie sehr gut werden! Denn, ein Muskel, der regelmäßig trainiert wird, wird stark und verläßlich. Auch der Aktivitätsmuskel unseres emotionalen Körpers muß trainiert und gebraucht werden. Wie Sie ihn einsetzen, macht dann Ihr Charisma und Ihre Einzigartigkeit aus, auf die es heute immer mehr ankommt. Und weil Sie so tapfer bis zu diesem Punkt des Buches vorgedrungen sind, verrate ich Ihnen auch ein Geheimnis:

Die Bausteine persönlicher Kraft sind Ihre Emotionen und Ihr Verhalten. Wie Sie Ihre Emotionen effektiv verändern können, wie Sie sich in optimale geistige und körperliche Verfassung versetzen können, wissen Sie ja bereits. Wie Sie Ihr Verhalten ändern können, soll der nächste Abschnitt zeigen. Dabei kann es natürlich passieren, daß ich mich mit der einen oder anderen Aussage wiederhole. Aber auch da habe ich eine gute Begründung: Wiederholung führt zum Erfolg ...

Wege der Verhaltensänderung

In meiner Kindheit, ich bin im österreichischen Waldviertel aufgewachsen, gingen wir sonntags regelmäßig im Stift Zwettl in die Kirche. Meine Eltern waren mit dem damaligen Abt Ferdinand befreundet. Er war bekannt dafür, packend und mitreißend zu predigen. Eines Sonntags kam mir seine Predigt

sehr bekannt vor. Und die Woche darauf erhärtete sich der Verdacht. Die Predigt von Abt Ferdinand war die exakt gleiche wie eine Woche davor und zwei Wochen davor. Jedes Wort, ja sogar jede Betonung stimmten überein. Als sich in der darauffolgenden Woche noch immer nichts änderte, marschierte meine Mutter zum Abt und fragte vorsichtig: „Könnte es vielleicht sein, ich meine, da war während der Predigt dieses eine Wort, ich glaube, da hat sich irgend etwas ein wenig wiederholt?"
Der Abt antwortete nur lakonisch: „Was heißt hier ein Wort? Die ganze Predigt war gleich, und sie wird gleichbleiben, bis irgend jemand nicht nur zustimmend nickt, sondern sein Verhalten ändert." Damals war ich davon nicht sonderlich beeindruckt – ich war vielleicht acht Jahre alt –, aber heute denke ich sehr viel an seine Worte. Nicht das Wissen, wie etwas verbessert werden kann, macht irgend etwas auf dieser Welt besser. Wir müssen unser Verhalten ändern, dann wird sich die Welt um uns ändern!
Überlegen Sie einmal: Wir sprechen von so vielen Problemen. Wir haben Wirtschaftskrisen, Arbeitslosigkeit, Jugendkriminalität und Drogenmißbrauch, aber eigentlich haben wir immer dasselbe Problem: das Problem menschlichen Verhaltens. Sogar die Angst vor einem Atomkrieg ist eine Angst vor menschlichem Verhalten. Es sind ja eindeutig Menschen, die da die Bomben gebaut haben, und es werden Menschen sein, die diese Bomben wieder zerlegen werden.

Wenn wir uns entscheiden, ein Verhalten zu ändern, werden wir auch Wege finden, dies zu tun. Dafür benötigen wir allerdings unsere persönliche Kraft. Und diese ist trainierbar. Kontinuierlich müssen wir Entscheidungen treffen, die uns unserem Wunsch näher bringen.
Das scheint auch der Grund zu sein, warum Psychotherapien funktionieren. Sie verändern unsere Entscheidungskraft bezüglich unserer Emotionen bzw. unseres Verhaltens. Nehmen wir zum Beispiel die Psychoanalyse. Dadurch, daß wir erkennen, woher ein bestimmtes Verhalten kommt, können wir die Bedeutung dieses Verhaltens erkennen und persönliche Kraft mobilisieren, um in Zukunft bessere Entscheidungen zu treffen. Nehmen Sie die Gestalttherapie. Da steht ein Sessel für Ihren Vater, und Sie brüllen ihm Ihre Gefühle in die Lehne. Wenn Sie das auch nur einmal mit totaler Intensität gemacht haben, werden Sie Ihre Gefühle und damit Ihr Verhalten dem Vater gegenüber verändern können.
Und was ist mit der Transaktionsanalyse? Da werden Sie sich der verschiedenen Kommunikationsebenen bewußt und können früher oder später selbst entscheiden, wie Sie sich während eines Gesprächs fühlen wollen, wie Sie sich verhalten wollen. Egal, welche Therapieform wir uns vornehmen, ob

Logotherapie, Neurolinguistisches Programmieren, Hypnotherapie . . . immer kommen wir zu dem Punkt, wo sich die Bedeutung, die eine bestimmte Situation oder Person für uns hat, ändert und wir dadurch unsere diesbezüglichen Emotionen verändern können.
Jedes dieser Konzepte steht und fällt allerdings mit der Bereitschaft, den jeweiligen Plan auch wirklich in die Tat umzusetzen und zu leben. Wenn wir das allerdings wissen, können wir ja getrost „einfach so" entscheiden, unser Verhalten in bestimmten Punkten zu verändern. Wie? Indem wir uns dazu entscheiden. Ent-scheiden bedeutet ursprünglich auch nichts anderes, als das Verzichten auf alle anderen Wege und das Annehmen des gewählten. Wenn wir uns Hintertüren offenlassen, haben wir uns noch nicht entschieden.

Kräfte bündeln

Persönliche Kraft mobilisieren wir also nur, wenn ein Sich-nicht-Ändern für uns viel, viel schlimmer wäre als eine Veränderung! Indem wir uns unsere emotionellen, finanziellen, geistigen und persönlichen Kosten durch dieses Problem vergegenwärtigen, bauen wir den nötigen inneren Druck auf, der zu einer Lösung führen kann. Wenn Sie wollen, denken Sie dabei an einen Diamanten, der erst unter extremem Druck entstehen kann und ohne diesen Druck nur Kohle bliebe.
Wenn Sie also eindeutig definiert haben, was Sie nicht mehr wollen, können Sie Ihre persönliche Kraft auf die Problemlösung bündeln (siehe Abbildung 16). Und ich spreche hier ganz bewußt von gebündelter Kraft, denn ohne diese Fokussierung werden die Umstände Sie überrollen.

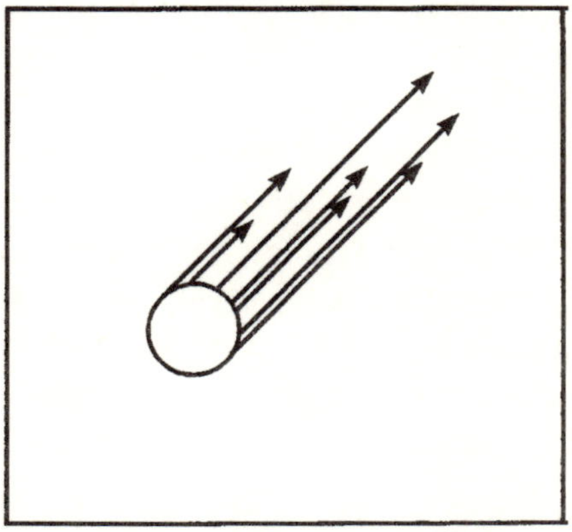

Abb. 16: Bündeln Sie Ihre Kräfte

Wenn Sie keine klare Linie mit Ihren Entscheidungen verfolgen oder zu oft die Grundrichtung ändern, zieht jede Ihrer Entscheidungen in eine andere Richtung, und Sie werden nicht kontrolliert die Gefahrenzone verlassen können (siehe Abbildung 17).

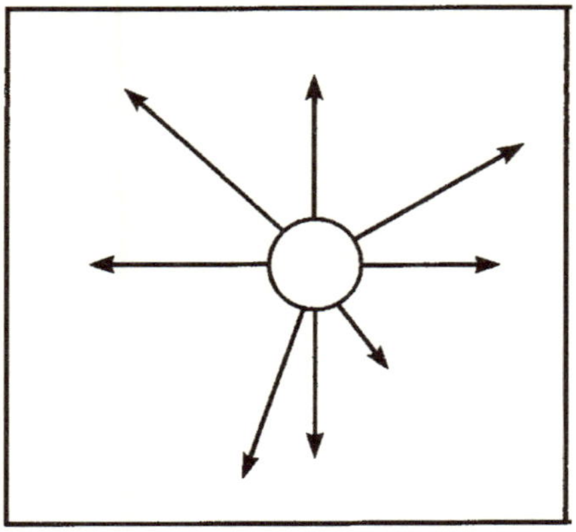

Abb. 17: Ohne gebündelten Entscheidungen keine gebündelten Kräfte

Am Anfang muß also der unbedingte, fast magische Vorsatz stehen, die Situation in eine ganz bestimmte Richtung zu verbessern. Dann bündeln Sie Ihre persönliche Kraft in diese Richtung und werden aktiv. Nicht irgendwann, sondern sofort. Ein weises Sprichwort sagt: „Die Straße ‚Irgendwann‘ führt ins ‚Nirgendwo‘." Erst wenn Sie etwas aktiv unternommen haben, haben Sie die Entscheidung gefällt.

Und hier korrigieren wir ein anderes Sprichwort: Wissen ist nicht Macht. Wissen ist Machtpotential! Viele Menschen wissen genau, daß sich „irgend etwas ändern sollte". Die persönliche Kraft macht aber den Unterschied zwischen dem Nörgler und dem Verbesserer. Die Entscheidung, um die es dabei geht, ist allerdings eine immer wiederkehrende. Sie müssen immer wieder und wieder Unkraut ausreißen, wenn Sie ein Blumenbeet pflegen. Genauso legen Sie sich vielleicht täglich Make-up auf oder duschen jeden Morgen. Wiederholung führt zum Erfolg. Wiederholen Sie erfolgreiche Entscheidungen. Wenn Sie vielleicht eine grundlegende Veränderung herbeiführen wollen, werden Sie möglicherweise das neue Verhalten einige Male installieren müssen.

Als ich zum Beispiel vor einiger Zeit ein Klavier geschenkt bekam, das davor viele Jahre ruhend in einer Garage verbracht hatte, schien das Unterfangen des Stimmens zunächst aussichtslos. Kaum hatte man die Saiten einigermaßen in den gewünschten Tonhöhen unterwiesen, wichen sie auch schon wieder in ihre gewohnte Verstimmung ab. Erst nach geraumer Zeit hielt das Klavier die gewünschte Stimmung. Und so gut Sie ein Klavier auch stimmen, nach einiger Zeit müssen Sie jedes Klavier nachstimmen, ob Sie gespielt haben oder nicht.

Lassen Sie sich noch einmal zu einem kleinen Gedankenexperiment einladen. Es ist ein Modell Ihres Lebens (siehe Abbildung 18).

Abb. 18: Ein Modell Ihres Lebens

Der Kreis in der Mitte symbolisiert das **Jetzt.** Der zackige Weg darunter steht für Ihre Vergangenheit. Da haben Sie viele vernünftige Entscheidungen getroffen, und sicherlich waren auch einige dumme dabei. Wie auch immer, heute stehen Sie da, wo Sie eben stehen, und vor Ihnen liegt Ihre persönliche Zukunft. Damit wir uns Ihre Möglichkeiten besser vorstellen können, definieren wir die beiden extremsten Zukunftsvisionen. Vielleicht ist das höchste Ihrer Denkbilder ein König und das schlimmste ein Bettler (siehe Abbildung 19).
Vor Ihnen breitet sich also ein Feld von Möglichkeiten aus, und der Weg zur endgültigen Bestimmung setzt sich aus Millionen von einzelnen Entscheidungen zusammen. Zwischen König und Bettler sitzen natürlich unendlich

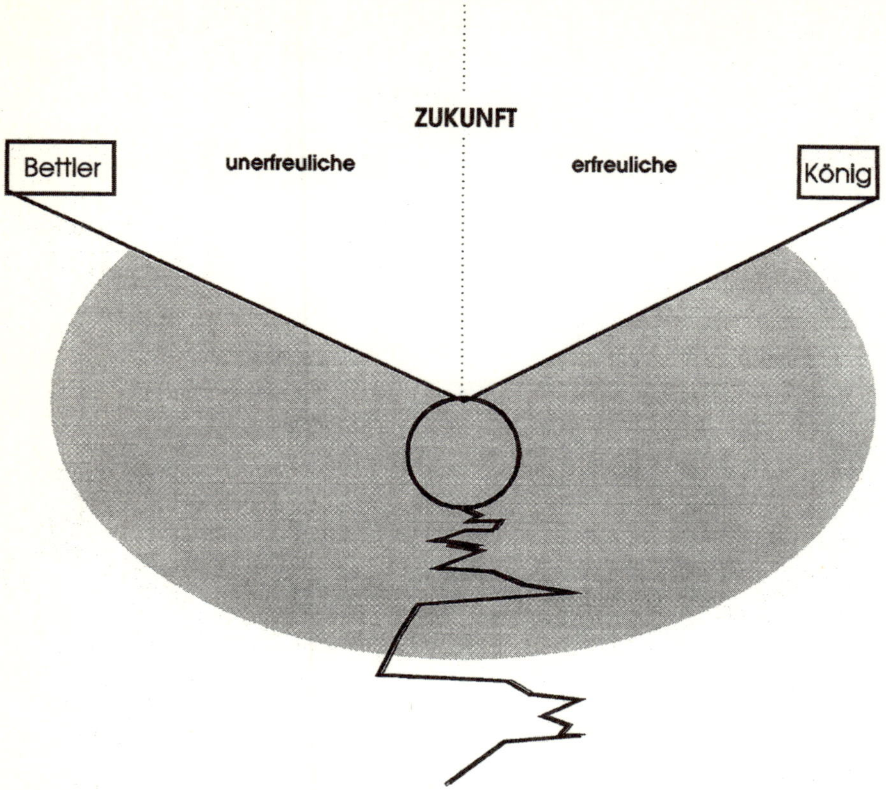

Abb. 19: Extreme Zukunftsvisionen

viele Bestimmungen, aber das ändert nichts daran, daß Sie sich nur über Entscheidungen fortbewegen. Wollen wir die Wertigkeit einer Entscheidung in unserem Diagramm mit dem Winkel gleichsetzen, erkennen wir unschwer, daß wir ständig die Möglichkeit haben, uns für den Bettler oder den König zu entscheiden. Je mehr wir uns allerdings einem Ziel nähern, desto größer wird der Entscheidungswinkel zum anderen Extrem (siehe Abbildung 20).

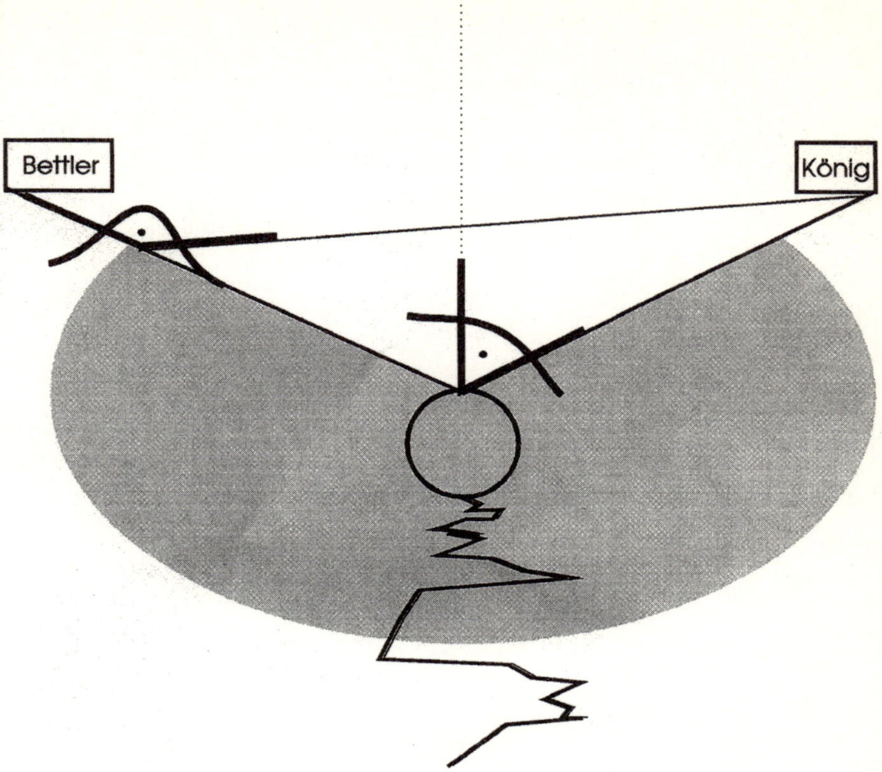

Abb. 20: Die Wertigkeit der Entscheidung als Winkel

Wer also das Ruder herumreißen möchte, wird größere Kursabweichungen entscheiden müssen als jemand, der mit seiner Zielrichtung ganz zufrieden ist. Das Hinterhältige an dieser Sichtweise ist, daß sie offenlegt, daß sogar gleiche Entscheidungen zu verschiedenen Zeiten unterschiedliche Ergebnisse bringen können.

So kann die Entscheidung, zum Beispiel 200 Millionen zu investieren, einen Statthalter zum König machen. Auf der anderen Seite kann die gleiche Entscheidung einen Lehrling Kopf und Kragen kosten und in den Ruin treiben (siehe Abbildung 21).

Es kommt also auch darauf an, wann eine Entscheidung getroffen wird. Vielleicht werfen Sie mir jetzt vor, daß ich damit zu deterministisch bin und Sie der freien Willenskraft beraube.

Aber bedenken Sie: Sie bewegen sich immer auf ein bestimmtes Ziel zu. Nur wenn Sie sich das vergegenwärtigen, haben Sie die Möglichkeit, durch persönliche Kraft Ihren Kurs zu bestimmen.

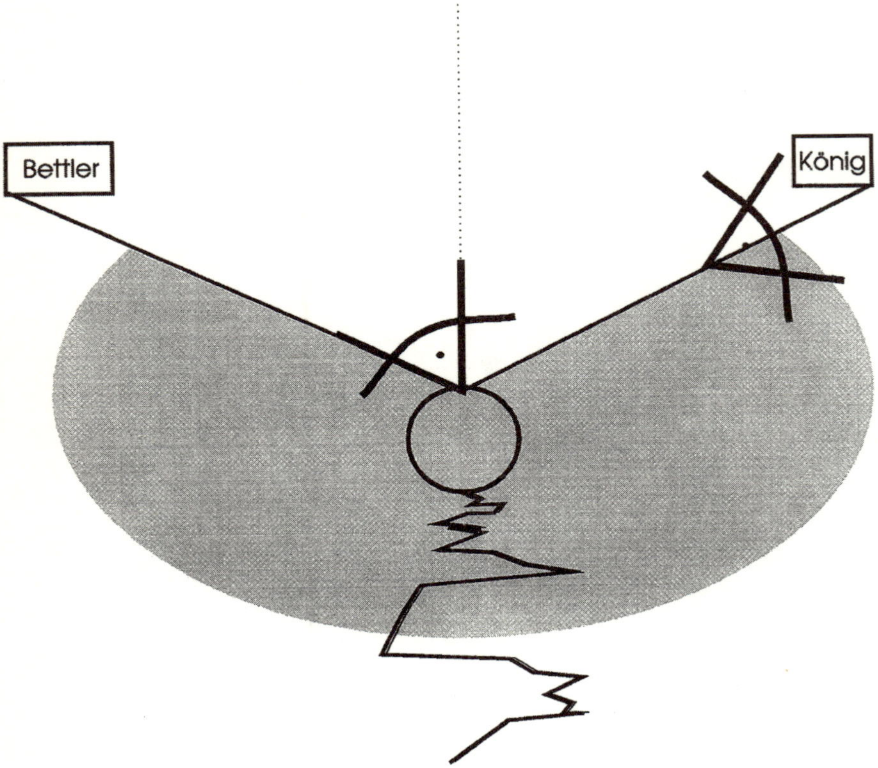

Abb. 21: Gleiche Entscheidungen können Unterschiedliches bewirken

Zusammenfassung

- Persönliche Kraft ist das Potential, aktiv zu werden.
- Die Bausteine persönlicher Kraft sind Emotionen und Verhalten.
- Probleme des Menschen lassen sich auf menschliches Verhalten zurückführen.
- Alle Psychotherapien ändern unsere Emotionen und unser Verhalten.
- Wissen ist nicht Macht. Wissen ist Machtpotential.
- Weitreichende Veränderungen müssen öfters ausgelöst werden.
- Viele kleine Entscheidungen führen zur Bestimmung. Dabei ist nicht nur der Winkel einer Entscheidung, sondern auch der Zeitpunkt kritisch.

Wenn Sie bis jetzt durchgehalten haben, sind Sie bereit, mein System einer wirklichen Prüfung zu unterziehen. Dann ist es auch wichtig, daß Sie . . .

10. Kontrolle über Ihre wirtschaftliche Situation selbst übernehmen

„Ich hab's!" Nick war begeistert. „Wenn ich richtig aufgeben möchte, ist das ja fast mehr Arbeit, als mein Leben aktiv zu leben. Ich ändere meinen Plan, löse mich von allen meinen Gütern, kündige meinen Job und lebe als Einsiedler in einer Höhle!"
„Großartig, Nick! Da hast du ja einen wirklich aktiven Lebensweg gefunden. Damit bist du ja dann eine wahre Bereicherung der Gesellschaft."
„Was soll denn dieser Sarkasmus, Mademoiselle Pitou?" fragte Nick Dolphin. „Was ist denn mit diesen Heiligen? Die leben ja alle zurückgezogen in ihren Ashrams."
„Kann es sein, Nick, daß da ein kleiner Unterschied zwischen diesen Heiligen und dir besteht? Ich meine kulturell. Und vielleicht wäre es möglich, daß diese Heiligen ihre Lebensform nicht nur deshalb gewählt haben, weil sie unfähig waren aufzugeben?"
„Natürlich nicht. Aber das ändert nichts daran, daß ich jetzt weiß, daß mich Besitz einfach belastet. Ich muß alles loswerden."
„. . . sagte der Baum und trennte sich von seinen Wurzeln. Nick, du übersiehst, daß du hier in der westlichen Welt andere Aufgaben zu erfüllen hast als andere Menschen in anderen Kulturen. Vielleicht ist es eine viel größere Herausforderung für dich, dir deinen Weg **mit** all deinen Gütern zu bereiten?
Schau, nimm noch einmal den Baum. Wenn er mit gesunden Wurzeln in der Erde verankert ist, kann er hoch in der Luft gesunde Früchte hervorbringen. Sei verankert im Boden deiner Kultur und nütze deine Chance. Du weißt schon so viel, und es fehlt nur mehr so wenig. Füge das Puzzle zusammen, und verbinde deine Erde mit deinem Himmel. Sei ein gesunder Wegbereiter!"

Geld ist eine Maßeinheit

Ich bin mir natürlich bewußt, daß ich spätestens hier ziemlich heißen Boden betrete. Wir sprechen in diesem Abschnitt vom Geld, und es gibt wahrscheinlich nichts, was in unserer Kultur mit derart vielen Vorurteilen und Vorstellungen behaftet ist. Denken Sie einmal nach: Dieses Etwas, das wir Geld nennen, ist mit ziemlich eindeutigen Attributen versehen. Schon als wir Kinder waren, verpatzte man uns die ganze Freude am Reichtum, indem man keine Gelegenheit ausließ, negative Gefühle mit Geld zu verbinden. In sämtlichen Geschichten sind die Reichen, sofern der Reichtum nicht unentdeckt bleibt, die Bösen, die Hartherzigen, die Gemeinen ...

Oder ist es vielleicht nicht der hartherzige Onkel Dagobert, der im wahrsten Sinn des Wortes auf seinem Geld sitzt? Warum nimmt Robin Hood den Reichen das Geld weg? Da haben Reiche ein Herz aus Glas (was immer das auch ist) oder sind zumindest ziemlich zweifelhafte Charaktere. Später hören wir dann von den bösen Kredithaien, von den Drogenmillionen und den Sekten, die ganze Familien um ihr Hab und Gut bringen. Auf der anderen Seite werden uns Asketen und Bettelmönche als Vorbilder aufbereitet, weil sie ja willentlich auf materielle Güter verzichten. Ob gewollt oder nicht, das Geld hat es nicht besonders leicht, gesellschaftlich akzeptiert zu werden, was wiederum uns den Umgang damit erschwert.

Dabei kann das Geld eigentlich gar nichts dafür, weil es, bei genauerer Betrachtung, ja gar keine eigene Identität hat. Wie immer wir es auch drehen und wenden, Geld ist nichts anderes als eine Maßeinheit für den Wertaustausch zwischen Menschen.

Niemand will Geld als solches haben. Oder wollen Sie kleine Papierschnitzel mit Zahlen darauf? Wer legt denn irgendeinen Wert auf die Zahlen auf dem Kontoauszug, wenn diese Zahlen nicht irgend etwas bedeuten würden?

Geld ist ein nominalisiertes Etwas, das genau die Bedeutung bekommt, die Menschen ihm geben.

Wenn wir allerdings diesem Geld hauptsächlich negative Bedeutungen vergönnen, dürfen wir uns nicht wundern, wenn es sich nur in den Händen von denen sammelt, denen diese schlechte Bedeutung nichts ausmacht.

Geld ist nichts anderes als die Maßeinheit für den Wertaustausch zwischen Menschen! Oder wie es der Duden besser formuliert:

„Geld ist, was wie Geld funktioniert. Es ist ein Geschöpf des Gütertausches im Zuge der Entwicklung von der Naturalwirtschaft (Güter gegen Güter) zur Geldwirtschaft (Güter gegen Geld/Geld gegen Güter)."

Da ist eigentlich gar nicht so viel Böses dabei zu finden. Menschen tun

etwas, und dieses Tun wird entlohnt. Wenn jemand mehr tut, wird er mehr entlohnt. Wenn jemand wertvoller tut, wird er wertvoller entlohnt. Zumindest in der Theorie.
In der Praxis unterliegt Geld, da es sich ja mehr um das Gefühl handelt, das mit diesem Geld verknüpft ist, allen psychoakustischen Gesetzmäßigkeiten, die in diesem Buch abgehandelt wurden. Eine gewagte Behauptung! Aber geben Sie mir eine Chance. Behandeln wir – der Freude wegen – das Geld so, als wäre es ein Gefühl, und schauen wir, was passiert.
Suchen wir uns gemeinsam ein paar Sätze aus dem Buch und tauschen Worte wie Gefühl, Verhalten oder Geist mit dem Wort Geld oder Geldverdienen aus.

- Sie koppeln Schmerzen mit **Geld**.
- Sie haben sich nie für das **Geld** entschieden.
- Sie haben sich nie **Geld** zum Ziel gesetzt.
- Sie haben nie eine Strategie entwickelt, um zu viel **Geld** zu kommen.
- Sie haben nicht überprüft, ob Sie Ihre Resultate dem **Geld** näherbringen.
- Sie haben sich nicht kontinuierlich an **Geld** gehalten.

Wahr ist, was Sie für wahr halten

Offensichtlich funktioniert unser Experiment, denn so mancher Seminarteilnehmer, der über eine finanzielle Krise klagte, mußte bestätigen, daß einige dieser Sätze auf ihn/sie zutreffen.
An dieser Stelle müssen wir uns noch einmal ein paar Gedanken über unsere Identität, also über unser Selbstbild machen.
Identität ist die Summe all dessen, was wir als „zu uns gehörig“ definieren. Darin sind alle Verhaltensweisen enthalten, die wir uns selbst zuschreiben, und andererseits ist all das ausgeschieden, was wir „unter gar keinen Umständen“ tun würden. Wir sprechen hier also vom Bild dessen, was unsere Persönlichkeit ausmacht. Diese Identität wird geschützt, und zwar durch unsere Vorstellung.
Sie müssen sich das vielleicht wie einen Raum vorstellen, dessen Temperatur durch einen Thermostat geregelt ist. Sinkt die Temperatur im Raum unter einen definierten Punkt, schaltet sich sofort die Heizung ein, und es wird wieder wärmer. Steigt die Temperatur über einen anderen definierten Punkt, meldet sich die Klimaanlage und reguliert damit die obere Temperaturgrenze. Genauso verhält es sich mit unserer Identität. Das Bild unseres Selbst, alle

Fehler, Schwächen, Talente und Stärken inbegriffen, wird durch unsere Vorstellung stabil und konstant gehalten. Was immer wir dann auch unternehmen, sobald es unserer Identität widerspricht – zack! – reguliert unser Verhalten die Grenze, indem es alles Identitätsfremde sabotiert.
Das war zum Beispiel die Erklärung, warum ich so lange mit 24 Kilo Übergewicht herumrannte. Da meine Identität beinhaltete, daß ich fett zu sein hatte, waren alle Diäten und Maßnahmen erfolglos. Nach jeder Kur nahm ich schon bald alles wieder zu. Erst als ich bewußt meine Identität in diesem Punkt änderte – ich entschied, mich als dünnen Menschen mit 24 Kilo zuviel Gewicht zu sehen –, nützte ich die korrigierende Kraft der Identität – und verlor das Gewicht dauerhaft innerhalb von zwei Monaten.

Was man für wahr hält, ist wahr, oder es wird wahr!

Wenn wir also nicht für wahr halten können, daß wir mehr Geld wert sein können oder dürfen, werden wir da auch nichts erreichen.
Wie sieht es also aus, wenn wir selbst Verantwortung über unsere wirtschaftliche Lage übernehmen wollen?
Zuerst dürfen wir die Macht unseres Ego nicht unterschätzen. Zu leicht tappen wir in die Falle und glauben, daß wir selbst so wichtig wären. Der kleinste widrige Umstand, und wir versinken in Selbstmitleid und Wehklagen über diese grauenhaften Ungerechtigkeiten. Dabei ist die Sache sehr einfach. Geld ist **nicht** menschlich. Geld muß nichts und darf alles. Es würde niemandem einfallen, über die Ungerechtigkeit zu klagen, weil er sich gerade an einer Kreissäge verletzt hat. Wer sich an einer Säge verletzt, war unachtsam, und wer sich am Geld verletzt, ist genauso unachtsam.

Jetzt aber, bevor Sie zuviel über Geld nachdenken, schreiben Sie innerhalb der nächsten Minuten alle Wörter auf, die Ihnen zum Thema Geld einfallen. Alles das, woran Sie denken, wenn Sie das Wort Geld hören:

Betrachten Sie diese Liste genau. Sind da vornehmlich positive, kräftigende Gefühlskoppelungen, oder sind da auch Auslöser für negative Gefühle enthalten?
Heben Sie alle Wörter hervor, die für negative Gefühle stehen. Als nächstes lassen Sie Ihre Gedanken kurz über die Vergangenheit streifen, und notieren Sie alles, was Ihnen Geld bereits Schmerzvolles zugefügt hat:

Wenn Sie diese Übung wirklich gemacht haben, sollten Sie einige Gründe aufgeschrieben haben, warum Sie Ihre Einstellung zum Geld vielleicht verändern sollten. Denn was immer Ihnen Geld angetan hat, Sie haben es ihm erlaubt und zugelassen, daß es Ihnen dies antut. Finden wir **jetzt** gemeinsam heraus, wie Sie zu Ihrer momentanen Einstellung zum Geld gekommen sind. Notieren Sie wieder alle Sätze oder Aussprüche, die Sie sich erinnern gehört zu haben. Schreiben Sie dabei wirklich so viele Sätze wie möglich. Egal, ob Sie diese Sätze im zarten Alter von fünf Jahren gehört haben oder erst vor kurzem, vielleicht hat gerade dieser Satz Ihre heutige Einstellung entscheidend geprägt. Erinnern Sie sich an alles **jetzt**:

Schauen Sie sich Ihr Ergebnis genau an. Das ist der Thermostat Ihrer finanziellen Identität! Wenn hier negative Gefühlsrichtungen oder impotente Zielvorstellungen dabei sind, sollten Sie diese entschärfen. Ich gehe gleich näher darauf ein.
Zuerst möchte ich noch einmal ein paar Punkte klarstellen:
Geld ist eine neutrale Maßeinheit. Es ist daher zunächst weder gut noch schlecht. Als Bewertungssystem menschlicher Leistung kann es mit dem Applaus für einen Musiker verglichen werden. Keinem Menschen würde es einfallen, einen Musiker für besonders großartig zu halten, weil er auf seinen Applaus verzichtet. Im Gegenteil! Das Konzert wird vielleicht gerade erst

durch Ihren Applaus ins rechte Licht gerückt, und sei das auch nur Ihr ganz persönlicher Eindruck.

Wertsteigerung

Fraglos wären Musiker suspekt, die Konzerte ausschließlich zum Applausheischen inszenierten. Wer ungerechtfertigten Applaus aus dem Publikum „melkt“, wie die Künstler das nennen, wird diesem Publikum widerlich werden. Umgekehrt gilt: Wenn Sie mehr Geld wollen, finden Sie Wege, wie Sie mehr Wert für Ihre Firma oder Ihr Unternehmen oder Ihre Kunden oder Ihr Publikum darstellen können. Denn jede unserer Unternehmungen soll ja nicht vorrangig Profit bringen, sondern einen bestimmten Wert für jemanden darstellen. Wenn Sie täglich nur ein paar Minuten investieren, um Wege zu finden, wie Sie Ihren Wert steigern können und durch Ihre persönliche Kraft diesen Wert auch in die Tat umsetzen, ist Ihnen finanzielle Antwort sicher. Trotzdem müssen noch ein paar andere Punkte geklärt sein:
Für die meisten von uns ist das Gefühl, Geld im Übermaß zu besitzen, etwas **Unbekanntes**. Auf Unbekanntes reagiert das System Mensch gewöhnlich mit **Angst**, und Angst versuchen wir gewöhnlich unbewußt zu verhindern. Deshalb: Erkennen Sie **jetzt**, daß Sie bereits unglaublich reich sind! Theoretisch und praktisch sind Sie Mitbesitzer all der öffentlichen Einrichtungen, Straßen, Wälder, Seen, Berge, Schlösser, Kirchen, Kraftwerke . . . Öffnen Sie die Augen, und schauen Sie sich um: Sie sind reich, weil Sie in einem freien Land leben! Sie können alle Einrichtungen benützen, alles Wissen in diesem Land gehört Ihnen! Sie müssen es sich nur holen. Jedes Buch ist Ihnen durch Bibliotheken zugänglich. Jede Erfahrung, Vergünstigung oder Hilfestellung steht Ihnen zur Verfügung. Dabei macht es keinen Unterschied, wieviel Sie heute verdienen oder haben. Ihr Besitz, der Besitz des Lebens, ist eigentlich schon ein riesiges Privileg.

So, als nächstes werden Sie sich bewußt, daß es gut und richtig ist zu expandieren. Ich spreche dabei von Eigenschaften, Fertigkeiten, der Intensität Ihrer Beziehung, Intelligenz . . .
Wenn Sie wirklicher Meister etwa in Ernährungswissenschaften sind, würde Sie niemand als unbescheiden aburteilen, weil Sie auf einen Fortbildungskurs fahren oder ein zusätzliches Buch lesen. Jeder würde nur sagen: „Oh, schaut nur, der/die ist aber ein gewissenhafter Ernährungswissenschaftler . . .“

Die Erfolgsformel

Warum sollte das bei Geld anders sein? Geld verdirbt niemals den Charakter, weil Geld gar nichts tut. Geld gibt es, und den Charakter verderben Sie sich schon selbst! Lassen Sie das Geld aus dem Spiel. Wir alle werden mit gleichen Möglichkeiten geboren. Danach unterscheiden wir uns durch unsere Entscheidungen, unsere Erziehung, was wir so alles erwarten, unsere Motivation, unsere Kredos, unsere Harmonieregeln usw. . . .

Natürlich, wer sich vom Geld versklaven läßt und fortan ihm dient, beweist nicht wirklichen Weitblick. Zumindest nicht nach der Lektüre dieses Buches. Nicht Sie sollen dem Geld dienen, das Geld soll Ihnen dienen!
Dazu müssen Sie zunächst Ihre Selbstsabotage entschärfen. Gehen Sie kurz zur Liste mit den Aussprüchen über Geld aus Ihrer Vergangenheit zurück. Nehmen Sie jeden einschränkenden Satz, jedes begrenzende Kredo und verändern oder ergänzen Sie es so, daß dieses Kredo unbrauchbar wird.
Auf meiner Liste befand sich zum Beispiel: „Geld liegt nicht auf der Straße." Ich habe diesen Satz unschädlich gemacht, indem ich ihn erweiterte, und jetzt lautet er: „Geld liegt nicht auf der Straße, sondern in meinen positiven Ideen."
Das klingt doch gleich ganz anders.
Oder vielleicht: „Geld stinkt!" könnte dann lauten: „Geld riecht nach dem Schweiße meiner ehrlichen Arbeit."

Egal, ob es Ihnen vielleicht ein Schmunzeln entlockt, alles, was die Einschränkung aufhebt, ist erlaubt. Entschärfen Sie Ihre begrenzenden Sprüche gleich **jetzt**:

Wenn Sie Ihre wirtschaftliche Situation durch die Erfolgsformel der Psychoakustik ändern wollen, müssen Sie zuerst ein Ziel aufbauen, das stark genug ist, Sie jeden Tag kontinuierlich anzuhalten, sich der Verbesserung Ihrer wirtschaftlichen Lage zu widmen. Da wird es wahrscheinlich nicht genügen, „gerade alle Rechnungen zahlen zu können".

Fertigen Sie **jetzt** eine Liste an, was viel Geld für Sie bedeuten würde. Welche Freude hätten Sie dadurch, wem könnten Sie damit helfen und wie. Es war noch nie für Arme oder Kranke hilfreich, einer von ihnen zu sein. Deshalb stellen Sie sich vor, wieviel Geld exakt Sie benötigen, um das Leben Ihrer Träume zu leben (diesmal aus finanzieller Sicht), und was das für Sie bedeuten würde. Notieren Sie, wie Ihr Leben zufriedener aussehen wird, wenn das Fehlen dieses Geldes kein Thema mehr sein wird:

Als nächstes entwickeln Sie eine Strategie, die Sie an Ihre finanziellen Ziele bringt. Richten Sie Ihren Fokus auf das gewünschte Ziel, und schreiben Sie täglich mindestens fünf neue Ideen auf, wie Sie Ihren persönlichen Wert für die Gesellschaft steigern können. Werden Sie sich bewußt, daß Geld genauso wie jede andere Emotion vervielfacht zurückkommt, wenn es ehrlich gegeben wird. Geben Sie daher offenherzig und immer mehr, als Sie sich zurückerwarten! Nur dann funktioniert die ganze Geschichte. Vielleicht gewöhnen Sie sich heute noch an, so um die 10 Prozent Ihrer Einnahmen für hilfreiche Zwecke zu investieren. Natürlich fällt so etwas leichter, wenn man schon im Überfluß lebt, aber es ist viel wirkungsvoller, das wenige zu teilen!

Wenn Sie sich wirklich dazu entschließen, und ich weiß aus eigener Erfahrung, daß in dieser Gewohnheit eine fast magische Kraft liegt, müssen Sie darauf achten, daß der Empfänger **auf gar keinen Fall** weiß oder auch nur ahnt, daß die Hilfe von Ihnen ausgeht. Ist diese Bedingung nicht gegeben, schadet das Ganze nur Ihrem Ego, weil Sie glauben, Großes zu leisten. Wenn Sie wirklich inkognito helfen und dabei möglichst in Ihrer nächsten Umgebung, damit Sie die Resultate sehen können, erkennen Sie sehr rasch, was mit Geld möglich ist und wo die Grenzen des Geldes liegen.

Jetzt haben Sie eine Strategie und müssen sie in die Tat umsetzen. Wenn Sie an diesem Punkt scheitern, sind Sie zwar in bester Gesellschaft, aber trotzdem sehr unvernünftig. Leben Sie jeden Tag dankbar über Ihre Möglichkeiten und Ihren Reichtum. Öffnen Sie Ihre Augen – Ihr Traumleben hat bereits begonnen. Denn kaum entscheiden Sie sich zu Wachstum und teilen dieses Gefühl der Sicherheit und des Vertrauens in Ihr Schicksal mit Ihren Mitmenschen, fühlen Sie, denken Sie, bewegen Sie sich schon so, als ob Sie Ihr Ziel erreicht hätten.

Wenn Sie Ihre Resultate erzielt haben, betrachten Sie genau Ihre Ergebnisse! Denken Sie hier an die Torschützenkönige des Fußballs. Wenn diese aufs Tor zielen, gehen sieben von zehn Schüssen daneben. Was sagen Sie zu so einer Erfolgsquote? Und trotzdem zählen sie mit ihren 30 Prozent Treffern zu den besten der Welt! Werden Sie sich Ihrer Resultate bewußt, und bleiben Sie flexibel in der Umsetzung Ihrer Strategien! Erkennen Sie, ob Sie sich durch Ihre Aktionen dem gesteckten Ziel annähern oder ob Sie sich entfernen. Aber, egal wie schnell Sie Ihre Ziele erreichen, bleiben Sie dran, und geben Sie nicht auf.

In meinem Seminar „Wie nütze ich die angespannte Wirtschaftslage?" erzähle ich gern folgende Geschichte: Sie spielt in meiner Kindheit und handelt von den Motivationsversuchen meiner Großmama. Waren meine Geschwister und ich schlimm oder erfüllten wir nicht die in uns gesetzten Erwartungen, warnte meine Großmama oft kryptisch: „Wenn du nicht Klavier übst, wirst du später einmal Steineklopfer werden!" Wie schon gesagt, lebte ich damals im Waldviertel, und dort gab es noch wirkliche Steineklopfer. Und da ich – um beim Klavier zu bleiben – so ganz und gar nicht üben wollte, setzte ich mich notgedrungen öfters mit dem Gedanken auseinander, die Laufbahn eines Steineklopfers einzuschlagen. Ich brachte auch meine Mutter unter einem Vorwand dazu, einen Steineklopfer aus der Nachbarortschaft zu besuchen. Man muß ja wissen, was da auf einen zukommen könnte . . .

Dieser Besuch verlief kurz und staubig, aber ich bekam eine kindliche Lektion, die noch heute mein Leben prägt. Ich konnte nämlich diesem wackeren Klopfer zusehen, wie er seinen Meißel an einen riesigen Stein hielt und mit einem schweren Hammer Hunderte Male auf den Meißel haute. Und vielleicht 208mal passierte gar nichts. Beim 209ten Mal allerdings brach dieser riesige Stein in der Mitte entzwei! Ich fragte damals meine Mutter, warum der Mann nicht die vielen sinnlosen Schläge einfach wegläßt und gleich den Stein spaltet. Meine Mutter war weise genug, mir zu erklären, daß es die Summe aller Schläge ist, die diesen Stein spaltet. Und niemand kann sagen, welcher Schlag der entscheidende ist.

Zum Abschluß dieses Kapitels möchte ich noch einmal wiederholen: Teilen Sie, und geben Sie mehr, als Sie sich je zurückerwarten. Darüber hinaus verlassen Sie sich nicht auf den Zufall! Das Glück bevorzugt eindeutig die Aktiven. Werden Sie aktiv, und setzen Sie Ihre Ideen in die Tat um. Genießen Sie den Reichtum, der Sie tagtäglich umgibt – als Bettler oder als König! Vertrauen ist wirkliche Macht. Vertrauen Sie darauf, daß aller nur erdenkliche Reichtum bereits auf dem Weg ist und daß Sie zum gegebenen Zeitpunkt genau wissen werden, wie Sie mit diesem Reichtum wirklich einen positiven Unterschied in Ihrem Leben und im Leben Ihrer Mitmenschen bewirken können.

Zusammenfassung

- Geld ist nichts anderes als die Maßeinheit für Wertaustausch zwischen Menschen.
- Geld ist erst durch seine Bedeutung für den Menschen relevant.
- Was man für wahr hält, ist wahr, oder es wird wahr!
- Die Identität ermöglicht oder verhindert wirtschaftlichen Erfolg.
- Die Anwendung der Erfolgsformel hat auch für das Erreichen finanziellen Reichtums Gültigkeit.

Wenn Sie mich bis zu diesem Punkt begleitet haben, fehlt eigentlich nur mehr ein wichtiger Teil. Diesen habe ich für den Schluß gespart, um ihn Ihnen ganz besonders ans Herz zu legen. Er stellt den wichtigen Gegenpol zu unserer bewußten Welt dar. Und auch Sie können . . .

11. Kontrolle über Ihre Träume selbst übernehmen

„Mademoiselle Pitou, sagen Sie mir, bin ich schon ein Wegbereiter?"
„Sobald du versuchst, einer zu sein, erkennst du, daß du immer einer warst. Du hast genug gelernt, um einer neuen Welt gegenüberzutreten. Du bist auf die Konfrontation mit dem Geheimnisvollen vorbereitet worden. Suche furchtlos dieses Geheimnisvolle, und **nimm es ernst!**
Glaube an den Weg, den du bereitest, und dann gehe ihn. Die Klänge, die du suchst, wirst du auch finden. Nur mußt du dieses Suchen ernsthaft praktizieren.
Und so gibt es noch einen letzten Hinweis, den ich dir jetzt geben kann: Horche in die Stille! Jeder Gedanke, gedacht im Zustand schweigender Ruhe, ist genaugenommen ein Befehl an dich selbst. Es ist der Zustand wirklicher Ruhe und gebündelter Aufmerksamkeit, der dich antreibt, da keine anderen Vorstellungen mehr im Wege stehen. Dieser Zustand kann Furcht einjagen, weil er so ungewohnt ist. Aber er ist die Herausforderung jedes Wegbereiters. Sei deshalb immer bereit, und suche diesen Zustand. Akzeptiere ihn mit Respekt, und er wird aufhören, dir Furcht einzujagen. Horche in die Stille. Bedenke, eine Pause macht nicht aus einem Lied zwei!
Als Wegbereiter wirst du immer geduldig auf diesen Zustand schweigender Ruhe warten. Du mußt wissen, daß du wartest und worauf du wartest. Vielleicht wirst du dir dann das Ergebnis nicht immer erklären können. Aber sei auf alles gefaßt, dann wird dich nichts überraschen.
Schleppe keine Lasten, mit denen du nicht fertig wirst, mit dir herum – auch nicht in Gedanken.
Aber jetzt los, geh hinaus in das Geheimnis, das du Leben nennst, und genieße voller Freude den Klang der Welt! Meine Aufgabe ist erfüllt. Jetzt kommt es nur mehr auf dich selbst an."
Nick Dolphin erschrak. „Werde ich nicht mehr mit Ihnen sprechen können?"
„Aber Nick, hast du vergessen? Ich bin doch du selbst. Du hast mir zugehört und dadurch die Kraft geweckt, die, tief in dir verschüttet, geschlafen hat. Wenn du **mir** vertraust, setzt du Vertrauen in die einzige wirkliche Kraft, in dich selbst. Du bist jetzt bereit.
Lebe wohl – **lebe!**"

Geist und Körper

Jede Welle hat einen Wellenberg und ein Wellental. Erst die Einheit, die die beiden bilden, macht eine komplette Welle aus:

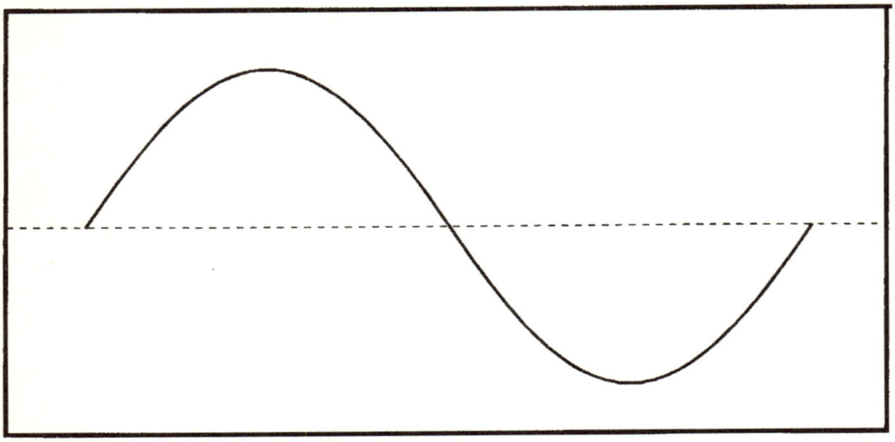

Abb. 22: Die Einheit von Wellenberg und Wellental

Jeder Zyklus, jede Einheit, jede Frequenz und jeder Ablauf folgt diesem Prinzip. Es ist das Prinzip der Auf- und Abbewegung. Unser Tagesbewußtsein macht da keine Ausnahme.

Unzählige Male zieht sich unser Geist aus dem Hier und Jetzt zurück und bearbeitet die Sinneseindrücke und Wahrnehmungen. Informationen werden mit Erinnerungen verglichen, bewertet, zugeordnet, ausgemistet oder gespeichert.

Die Anwendung praktisch aller in diesem Buch enthaltenen Informationen setzt dieses Zurückziehen des Tagesbewußtseins voraus.

Ja, Sie könnten gar nicht verstehen, was hier steht, wenn sich Ihr Geist nicht unentwegt für Bruchteile von Sekunden zurückziehen und die gelesenen Worte mit Bedeutungen, Meinungen, Zustimmung oder Ablehnung versorgen würde.

Immer wieder nimmt sich unser Geist etwas längere Pausen heraus. Das sind die Phasen der Unaufmerksamkeit, das sogenannte Löcher-in-die-Luft-Schauen. Da schweifen die Gedanken ab, meistens entspinnt sich ein innerer Dialog, und der Mensch geht in eine kurze, leichte Trance.

Üblicherweise werden wir durch einen äußeren Sinneseindruck wieder in das

Hier und Jetzt zurückgebracht. Das kann ein optischer Eindruck sein, der unsere Aufmerksamkeit erregt, das kann eine Stimme, ein Ton, ein Geräusch sein, oder es ist ein körperliches Gefühl, das uns daran erinnert, daß wir gerade dabei waren, eine bestimmte Tätigkeit zu vollführen.
Holen uns keine äußeren Sinneseindrücke und keine inneren Alarmsignale in das Hier zurück, dann verselbständigt sich dieser leichte Trancezustand und geht üblicherweise in einen erholsamen Schlaf über.

In jedem dieser Fälle verläßt der Geist für einen gewissen Zeitraum den Körper, und unsere Gedanken laufen körperlos nach ihren eigenen Gesetzmäßigkeiten. Natürlich reißt die Verbindung zwischen Geist und Körper nicht vollständig ab. Aber es ist durchaus gestattet, von dieser emanzipierten, autonomen Gedankenwelt zu sprechen.
Alle Zensuren des Tagesbewußtseins, also alle körperbezogenen Zensureinrichtungen sind, wenn nicht völlig ausgeschaltet, so doch stark reduziert und in den Hintergrund gedrängt. Wir nehmen hier nicht mehr bewußt wahr, sondern arbeiten und verarbeiten interne Informationen. Diese Welt kann, der Einfachheit halber, „das Unbewußte" genannt werden, geht aber nachweislich weit über die Informationen realer, unbewußter Vorgänge hinaus.
Nun hat dieses Unbewußte nicht nur die Möglichkeit, als passiver Müllschlucker Sinneseindrücke, die vom Tagesbewußtsein nicht mehr verarbeitet werden wollten oder konnten, aufzuarbeiten, sondern es kann unter bestimmten Voraussetzungen dafür genützt werden zu lernen, Lösungen auszuarbeiten und damit geistiges Wachstum vorzubereiten.

Da der Wechsel zwischen Tagesbewußtsein und Unbewußtem auch während der Wachphasen unentwegt vor sich geht, kennen sich die beiden sozusagen gegenseitig recht gut und wissen über die Vorhaben, Wünsche und Aufgaben des anderen Bescheid.
Dementsprechend kann jeder Mensch klare, präzise **Anweisungen** im Tagesbewußtsein formulieren, die vom Unbewußten übernommen, weitergeführt und eventuell zu einer Lösung gebracht werden können. Um das zu erreichen, müssen Sie es zunächst schaffen, Ihr Tagesbewußtsein willentlich zu beruhigen und in weiterer Folge gänzlich anzuhalten. Denn solange eine Million verschiedener Gedanken wild und ungeordnet in Ihrem Kopf herumrasen, wird Ihr Unbewußtes nicht die nötige Zeit erübrigen können, um sich Ihren Sonderwünschen zu widmen.
Um also Ihr Unbewußtes nützen zu können und Ihre Träume Wirklichkeit

werden zu lassen, erlernen Sie die hohe Kunst, **Ihre Gedanken willentlich anzuhalten**.
Zu diesem Zweck nehmen Sie eine bequeme Körperposition ein, schließen die Augen, atmen tief ein und aus, und hören Ihrem Herzschlag, Ihrer Atmung und Ihren Gedanken einfach zu. Sie können dabei nichts richtig und nichts falsch machen. Einfach zuhören. Bemerken Sie, daß, egal was da geschieht, Ihr Geist unaufhörlich verschiedene Informationen anbietet, Querverbindungen zwischen Erinnerungen herstellt oder eine zukünftige Begebenheit gerade vorwegnimmt.
Schauen Sie eine Weile diesem regen Treiben mit Ihrem inneren Auge zu, und verlangsamen Sie dann willentlich das Geschehen.
Stellen Sie sich eine schwarze Fläche ca. einen halben Meter vor Ihrem geistigen Auge vor, und versuchen Sie, dieses Nichts so lange wie möglich zum zentralen Gedanken werden zu lassen. Zunächst werden Ihre Gedanken immer wieder und wieder abschweifen, und Sie können das Nichts vielleicht immer nur ein bis zwei Sekunden festhalten. Das ist gut und natürlich. Üben Sie weiter, und schon bald wird es Ihnen möglich sein, diese geistige Stille auszudehnen. Immer längere Phasen gedanklicher Pausen werden Sie festhalten können, und vielleicht können Sie schon bald in diesem Zustand leerer Ruhe beliebig lange verharren. Nennen wir diesen Zustand einen

Leer-Traum

Leer deshalb, weil er zunächst noch ohne Inhalt ist, und Traum, weil Sie damit Ihren Geist auf die gleiche Ebene gehoben haben, als würden Sie träumen.
Wenn Sie beim Trainieren dieses Leer-Traumes einschlafen, ist das zwar nicht gewollt, aber absolut natürlich. Ihr Geist weiß ganz einfach noch nicht, daß er ausspannen darf, und will Ihnen daher irgendwelche echten Träume einspielen. Allerdings lernt jedes Unbewußte nach einer gewissen Zeit, sich an die neue Situation anzupassen. Und so, wie gute Freunde Ihnen Ruhe gönnen, sobald sie merken, daß Sie mit einer bestimmten Sache beschäftigt sind, so wird Sie nach einiger Zeit Ihr Unbewußtes in Ruhe lassen, weil es bemerkt, daß Sie gerade **aktiv nichts tun**. Sobald Sie diesen Schritt gemeistert haben, haben Sie bereits den schwierigsten Teil hinter sich.
Sie haben damit gelernt, willentlich Ihren Körper zu verlassen und auf eine andere, Ihnen normal nicht zugängliche Ebene zu wechseln.
Wie können Sie das nun für sich nützen?

Nehmen wir an, Sie haben eine schwierige, **persönliche Entscheidung** zu treffen. Ihr Tagesbewußtsein hat immer wieder und wieder alle Für- und alle Gegenstimmen abgewogen und ist dennoch zu keinem zufriedenstellenden Resultat gekommen. Geben Sie Ihrem Leer-Traum den Auftrag, für Sie eine Lösung zu finden. Dabei gehen Sie so vor:
Nehmen Sie wieder eine bequeme Körperhaltung ein, schließen Sie die Augen, und formulieren Sie kurz und präzise die Frage. Wichtig ist hier, daß Sie sich ganz genau bewußt sein müssen, wonach Sie fragen. Globale Entscheidungen müssen wahrscheinlich in einzelne Teilentscheidungen zerlegt werden.
Danach halten Sie Ihre Gedanken an. Verharren Sie in Ihrem Leer-Traum, und vertrauen Sie Ihrem Unbewußten, daß es die für Sie beste Lösung finden wird.
Wie und warum das geschieht, wissen wir noch nicht, aber wenn Sie Ihre Gedanken wirklich absolut zum Stillstand gebracht haben, wird sich dieser Leer-Traum nach einiger Zeit mit neuen Inhalten füllen. Wohlgemerkt, dieses Füllen ist in keiner Weise mit dem unkontrollierten Gedankenschwirren, mit dem Sie beim Erlernen des Leer-Traumes zu kämpfen hatten, vergleichbar. Es ist eher damit vergleichbar, daß Sie plötzlich erkennen, daß eine klare Lösung die ganze Zeit existiert hat. Vergleichen wir das Ganze vielleicht mit dem Beobachten einer Nebellandschaft. Was zunächst wie eine leere graue Wand aussieht, verändert sich nach und nach zu einigen Silhouetten. Je länger Sie in den Nebel schauen, desto mehr Umrisse, desto mehr Details werden Sie in der Landschaft erkennen. Und dies nicht deshalb, weil sich der Nebel verflüchtigt, sondern weil Sie Ihre Aufmerksamkeit auf den Nebel eingestellt haben.
Um ein akustisches Beispiel zu bringen: Wenn Sie auf einer ruhigen Waldlichtung sitzen, die Augen schließen und hören, was es da zu hören gibt, werden Sie vielleicht zunächst den Eindruck absoluter Ruhe haben, und dann hören Sie möglicherweise in der Ferne den Wind in den Blättern rauschen, vielleicht hören Sie einen Bach, der in der Nähe fließt, vielleicht hören Sie auch das Summen einiger Insekten, oder Sie hören das Blut, das in Ihren Ohren rauscht. Je länger Sie sich darauf konzentrieren, desto deutlicher werden diese akustischen Empfindungen sein.

Zurück zu unserem Leer-Traum. Sie haben eine Frage gestellt, Ihre Gedanken angehalten und ganz entspannt, ruhig, ohne Wollen an nichts gedacht. Einfach die ganze Welt zum Stillstand gebracht. Und auf einmal werden Sie deutlich Aspekte erkennen – das kann visuell, das kann akustisch oder auf der Gefühlsebene sein –, die mit Ihrer Frage direkt in Zusammenhang stehen.

Manchmal geschieht es auch, daß Sie einschlafen und während dieses Schlafes im Traum eine vernünftige Lösung finden.

Andere Anwendungen des Leer-Traumes

Auf einem Tonbandgerät abgespielte Informationen gehen im Zustand des Leer-Traumes direkt und vom Tagesbewußtsein unzensuriert in unseren Gedächtnisspeicher ein. Dabei ist allerdings zu beachten, daß dieses Tonbandgerät nur leise abgespielt werden darf und darüber hinaus erst starten soll, wenn Sie sich bereits in diesem Zustand befinden. Das heißt, das Verwenden eines Timers, der Ihr Gerät ca. 20 Minuten, nachdem Sie sich in den Zustand des Leer-Traumes versetzt haben, startet, ist sinnvoll.
Ein früherer Start würde Sie eventuell in der Entspannungsphase stören, würde Ihre Aufmerksamkeit auf das Gehörte lenken und das gesamte Unterfangen vereiteln.
Auch hier müssen Sie sich **vor** dieser Übung klar und deutlich vorstellen, was Sie mit diesem Leer-Traum bewirken wollen. Stellen Sie sich Ihr Gehirn vielleicht wie eine große Dose oder einen großen Behälter vor, in den Sie die zu lernende Information hineinlegen. Merken Sie sich dabei, wo Sie die verschiedenen Themenbereiche hingegeben haben, damit Sie nach dem Traum-Lernen die abgespeicherte Information auch wiederfinden.
Dieses Bild mit der Dose mag Ihnen vielleicht etwas absurd erscheinen, aber bedenken Sie, Sie bauen sich Ihre eigene Realität selbst. Und wenn Sie an so etwas glauben können, dann werden Sie es auch tun. Sie können sich natürlich auch vorstellen, daß Sie das Wissen wie in einen Computer eingeben oder ein inneres Tonbandgerät besprechen ...

Wenn Sie wollen, benützen Sie Ihren Leer-Traum, um Ihren **Schlaf-Traum** aktiv zu beeinflussen. Wenn es ein Thema gibt, von dem Sie gerne träumen würden, stellen Sie es sich genau vor und gehen Sie in den Leer-Traum.
Nach einiger Zeit wird ganz automatisch der Auftrag ausgeführt, und Sie werden das vorgegebene Thema träumen. Hier ist allerdings von großer Bedeutung, daß Sie den Zeitpunkt erkennen, wann der Leer-Traum in einen Schlaf-Traum übergeht. Möglich, daß es Ihnen sofort gelingt. Ich selbst habe aber länger als ein Jahr auf meinen ersten erfolgreichen Versuch warten müssen. Wenn Sie nämlich einschlafen, ohne sich des Übergangs bewußt zu werden, werden Sie zwar das vorgegebene Thema träumen, allerdings werden Sie, wenn Sie länger schlafen, auch andere Träume haben, und wenn Sie

dann später aufwachen, werden Sie sich einfach nicht mehr daran erinnern, daß Sie Ihr gewünschtes Thema geträumt haben. Verhindern können Sie das, indem Sie während dieser Übung einen kleinen Ball in die Hand nehmen, der zu Boden fällt, sobald Sie einschlafen, und Sie sofort wieder aufweckt.

Der Leer-Traum ist eine direkte Verbindung zu der allgegenwärtigen **Urwelt**, von der wir zu Anfang des Buches gesprochen haben. Wenn Sie die Technik gemeistert haben und beliebig lange im Leer-Traum verharren können, haben Sie Ihren Geist befreit. Sie können Ihren Geist-Körper in jede Situation, auf jedes Niveau und an jeden Ort bringen. Dabei zählt ausschließlich das, was Sie sich vorstellen, was passieren wird. Und darin liegt vielleicht die einzige kleine Gefahr. Wenn Sie einer solchen Leer-Traum-Sitzung eine vage oder schlampige Richtung geben und nicht wissen, was Sie dort erwarten soll, können Ängste aus Ihrem Unbewußten auftauchen und die Führung übernehmen. Effektiver Schaden wird Ihnen dabei nicht zustoßen, aber es genügt, wenn Sie sich bei einem unerfreulichen Alptraum ärgern müssen.
Was immer aber geschieht, vergessen Sie nicht:

Jeder Traum ist ein Produkt Ihres Geistes!

Sobald Sie sich also bewußt werden, daß Sie träumen, können Sie immer und unentwegt jede Änderung an der Abfolge dieses Traumes vornehmen. Wenn Sie von unerfreulicher Gesellschaft träumen, können Sie während des Traumes beliebig die Personen austauschen oder verändern.
Für Ihren Geist gibt es keine Grenzen!

Und das ist auch die Botschaft des Buches:
Was immer Sie sich vorstellen können – alles ist erreichbar.
Grenzen setzen Sie sich nur in Ihrem Kopf.
Der Geist kennt keine Grenzen!
Es gibt keine Grenzen der Phantasie.
Es gibt keine Grenzen des Sehens.
Es gibt keine Grenzen des Hörens.
Es gibt keine Grenzen des Fühlens.
Es gibt keine Grenzen des Glaubens.
Es gibt keine Grenzen der Zeit.
Es gibt keine Grenzen des Raumes.

Ihr Geist ist grenzenlos!

Zusammenfassung

- Unser Geist verläßt in regelmäßigen Abständen unseren Körper. Dieser Vorgang ist trainierbar und ausnützbar.
- Mit Hilfe des Leer-Traumes können wir Lösungen für Probleme finden, Informationen in unser Gedächtnis laden und neue Räume oder Welten entdecken.

Danach folgte Stille. Lange Stille.
Nick Dolphin erwachte früher als üblich. Alles im Haus war friedlich und ruhig. Also doch, es war nur ein Traum gewesen. Er war enttäuscht.
Da geschah etwas Unglaubliches: Die aufgehende Sonne berührte mit ihren Strahlen gerade den hübschen Blumenstock, als Nick eine eigenartig vertraute Stimme hörte:
„Schönen guten Morgen, Nick Dolphin! Ist heute nicht ein herrlicher Tag?"
„Schönen guten Morgen, mein kleiner Philodendron!" hörte sich Nick Dolphin antworten. Dann stutzte er. Was war denn das?
Er konnte auf einmal die Freude dieser Welt hören! Er sprang aus dem Bett und öffnete das Fenster. Ja, die ganze Welt war von diesem herrlichen Klang erfüllt. **Diese Welt lebte**, und er war Teil dieses Lebens.
„Guten Morgen, Sonne!" rief er laut und begann vor Freude zu singen. Er rannte durch das Haus. „Guten Morgen, schönen guten Morgen!" rief er in jeden Winkel.
„Spinnst du?" fragte ihn eine verschlafene Stimme aus dem Zimmer seiner Tochter.
„Nenn mich einfach Mademoiselle Pitou!" lachte Nick Dolphin zurück . . .

Danksagung

Die Psychoakustik-Forschung ist, weltweit gesehen, eine sehr junge Wissenschaft, auch wenn theoretische Überlegungen bis zu *Johannes Kepler (1571–1630)* zurückreichen. Als ich im Jahre 1988 begann, meine Arbeit diesem Gebiet zu widmen, war es für mich nahezu unmöglich, auf praktische wissenschaftliche Resultate zurückzugreifen.

Man kann daher mit Recht behaupten, daß die österreichischen Bestrebungen, Psychoakustik in der praktischen Nutzbarmachung zu erforschen, diese Idee von Grund auf verfolgten und so einen durchaus eigenständigen Weg eingeschlagen haben.

Ich möchte mich an dieser Stelle bei jenen Personen bedanken, die entscheidend dazu beigetragen haben, daß es einerseits kybernetische Psychoakustik in Österreich als anerkannte Wissenschaft überhaupt gibt, und daß andererseits der internationale Stellenwert unserer Arbeit gesichert ist:

Marika und *Volker Altmann* haben mit ihrer Freundschaft, Energie und persönlichen Hilfe hauptsächlich dazu beigetragen, daß ich selbst die äußerst schwierige Anfangsphase überdauern konnte. Gleiches gilt für *Fritzi Heller*.

Mein wichtigster Berater war und ist mein Freund *Gerhard Kaiblinger*. Seine Kompetenz und sein Spürsinn sind einzigartig, und ich kann mich glücklich schätzen, ihn an meiner Seite zu wissen.

Ohne *Gerhard Eggetsberger* und seine Frau *Renate* wäre alles nur eine Idee geblieben. Sie waren es, die nicht nur in dem von ihnen geleiteten *Institut für Biokybernetik und Feedbackforschung* die fortschrittlichsten und schnellsten Biofeedback-Anlagen einsetzten, um Hunderte Versuchsreihen durchzuführen – sie entwickelten und bauten auch neue, effiziente Psychoakustik-Meßgeräte, die völlig neue Wege der Ermittlung physiologischer Reaktionen ermöglichten. Gerhards geniales Potential liegt im Erkennen von Zusammenhängen im gesamten Spektrum der Einflüsse, die auf uns Menschen einwirken und über unsere Sinne erfaßt werden können. Die Zusammenarbeit mit ihm und seinem Team eröffnet immer neue Dimensionen des Denkens, für die ich ihm auf diesem Weg danken möchte.

Erich Reitinger ist ein Meister der Kommunikation und Suggestion. Er war maßgeblich an der Entwicklung geeigneter Sprachmuster für den äußerst komplizierten Informationstransport abstrakter Daten in verständliche Anwendungsformen beteiligt.

Nicht unbedankt soll die Werbeabteilung der *Creditanstalt Bankverein* und da vor allem *Christina Lederer-Gabriel* bleiben. Der 1992 erteilte Auftrag, das Gedankengut der Psychoakustik als „Erfolgstraining“ einem größeren Personenkreis zugänglich zu machen, bewies nicht nur fortschrittliches Denken, sondern leistete damit der österreichischen Forschungstätigkeit einen wertvollen Beitrag.
Daß die akustische Umsetzung sowie Aufnahmetechnik eines unserer verläßlichsten Fundamente ist, verdanke ich der Geduld und dem Ideenreichtum von *Dietmar Nührig*. Für ihn und *Hannes Krüger* gibt es Worte wie „unmöglich“ oder „technisches Problem“ nicht!
Dem Team der angesehenen *Khurana Clinic* in Pittsburgh, USA, sei der Dank für die zahlreichen Testversuche unserer Ergebnisse im medizinischen Bereich ausgesprochen.
Und last, but not least möchte ich meine geistige Heimat, das *Forum für Psychoakustik,* nennen. Hier wird sichergestellt, daß die Kommunikation zwischen Wissenschaft und Forschung einerseits und Menschen, die selbst Verantwortung für ihre Lebensweise übernehmen, andererseits funktioniert. Das Vertrauen, die Unterstützung, aber vor allem die echte Freundschaft, die ich bei *Waltraud* und *Peter Groll* gefunden habe, sind einzigartig. Es ist mir eine große Ehre, die wissenschaftliche Leitung des *Forums für Psychoakustik* innezuhaben.

Wenn Sie sich für weitere Informationen zum Thema bzw. Trainingsseminare des Autors interessieren, rufen, faxen oder schreiben Sie an:
Pat Leonhard – Trainingsseminare
A-1030 Wien, Ölzeltgasse 4
Tel. & Fax: 0043-1-712 23 72

Glossar

Akustik: 1) die Lehre vom Schall, Teil der Mechanik; 2) Schallverhältnisse; 3) Teil der Musikwissenschaft, untersucht die Klangerscheinungen.

Analogie: von gr. analogos (entsprechend); Ähnlichkeit, Entsprechung, Übereinstimmung.

assimilieren: von lat. assimulare (angleichen); das Überführen körperfremder Stoffe in körpereigene.

Assoziation: von lat. associare (beigesellen); (Ideen-)Verknüpfung, Zusammenschluß.

Auslöser: Bild, Klang oder Gefühl, das automatisch die Erinnerung an einen bestimmten, bereits erlebten Gefühlszustand auslöst.

Biofeedback: Rückmeldung von nicht direkt wahrnehmbaren Abläufen im Körper wie z. B. Herzfrequenz, Blutdruck, elektrische Muskel- oder Hirnaktivität durch ein wahrnehmbares Signal.

Dissonanz: ein nach Auflösung strebender Spannungsklang, der durch die Störung der *Harmonie* zustande kommt.

Emotion: lat.: Aufregung, Gemütsbewegung.

Fokus: von lat. focus (Herd); Brennpunkt, im Brennpunkt stehen, gebündelte Aufmerksamkeit.

Frequenz: Anzahl der Schwingungen in der Zeiteinheit.

Gefühlskoppelung: das Verknüpfen einer Situation mit einer *Gefühlsrichtung*. Die Gefühlskoppelung konditioniert ein ganz bestimmtes Verhalten, indem sie den Grad der Motivation beeinflußt, in einer bestimmten Situation *persönliche Kraft* zu aktivieren.

Gefühlspause: das Übertragen (Abpausen) einer bestimmten Vorstellung auf die eigene Situation oder Verhaltensweise.

Gefühlsrichtungen: die Basiskräfte, die das menschliche Leben kontrollieren. Diese Richtungen sind: *Harmonie* erwarten (positive Richtung) oder *Dissonanzen* verhindern (negative Richtung).

Gefühls-Software: bestimmt, wie wir unsere Lebensumstände wahrnehmen.

Gefühlszustände: physische und psychische Gesamtbewertung von Situationen, Dingen und Menschen.

Harmonie: als wohltuend empfundene innere und äußere Übereinstimmung; Einklang, Eintracht.

Harmonieregeln: stellen die Abläufe von Dingen oder Situationen dar, die wir für eine bestimmte *Gefühlsrichtung* erwarten.

Hologramm: ein dreidimensionales Abbild; aufgebaut durch die *Interferenz* zweier Laserstrahlen.

holographisches Prinzip: *Hologramme* haben die einzigartige Eigenschaft, daß sie, indem sie ein Energie-Interferenz-Muster repräsentieren, in jedem Teil dieses Hologramms die Information des gesamten Hologramms enthalten.

Identität: schließt unsere bewußten und unbewußten Grenzen und Eigenschaften zu einem real scheinenden Selbstbild zusammen.

Interferenz: von lat. interferre (zwischentragen); die beim Zusammentreffen zweier Wellen durch Überlagerung oder Angleichung der Wellen entstehenden Erscheinungen; das gegenseitige Einwirken.

Kredo: von lat. credere (glauben); ist das Gefühl von Sicherheit über die Bedeutung von irgend etwas. Das Kredo bestimmt, ob Sie das Gefühl haben, Ihre *Wertvorstellungen* zu erfüllen.

Kybernetik: eine verschiedene Gebiete verbindende Wissenschaft oder wissenschaftliche Forschungsrichtung, bei der die Gesetzmäßigkeiten der Regelung, der Informationsübertragung und -verarbeitung in Maschinen, Organismen und Gemeinschaften untersucht werden. Ihr Begriffssystem ist unabhängig von den Untersuchungsgegenständen.

magischer Wunsch: das Gefühl innerer Sicherheit, sich auf einem Gebiet kontinuierlich und immerwährend verbessern zu wollen.

Oktave: lat.: der achte Ton einer diatonischen Tonleiter vom Grundton an, wobei der Zusammenklang als Einklang empfunden wird.

Paradoxon: die überspitzte, der Form nach widersinnige Formulierung eines Gedankens.

persönliche Kraft: die Möglichkeit, aktiv zu werden und Entscheidungen zu treffen.

Psychoakustik: die Lehre von Musik, Klängen und Geräuschen sowie deren Auswirkungen auf den Menschen und seine Psyche.

Psychoakustik, kybernetische: die Lehre der Gültigkeit akustischer Gesetzmäßigkeiten in Geist, Körper und Psyche des Menschen.

Schwingung: regelmäßige Bewegung, die zwischen bestimmten Grenzen hin- und zurückführt.

transponieren: von lat. transponere (hinübertragen); das Verschieben einer Tonfolge von einer Tonhöhe auf eine andere.

Welle: periodische Zustandsänderung einer physikalischen Größe, die sich in ähnlicher Weise ausbreitet wie eine Wasserwelle.

Wellenlänge: Abstand zweier aufeinanderfolgender Punkte von gleichem Schwingungszustand.

Welt/Urwelt: die Unterscheidung zwischen der nicht wahrnehmbaren Klangwelle (Urwelt) und ihrer wahrnehmbaren Einwirkung *(Resonanz)* auf ein Material, das durch sie in Schwingung versetzt wird (Welt).

Wertvorstellungen: jene *Gefühlszustände,* von denen wir uns die meiste *Harmonie* erwarten.